ŒUVRES
DE
Leconte de Lisle

DERNIERS POÈMES

PARIS

ALPHONSE LEMERRE, ÉDITEUR

23-31, PASSAGE CHOISEUL, 23-31

M DCCC XCIX

8°Ye
4994

OEUVRES

DE

Leconte de Lisle

IL A ÉTÉ TIRÉ DE CET OUVRAGE :

25 exemplaires sur papier de Hollande.
25 — sur papier de Chine.

Tous ces exemplaires sont numérotés et paraphés par l'Éditeur.

OEUVRES

DE

Leconte de Lisle

DERNIERS POÈMES

PARIS

ALPHONSE LEMERRE, ÉDITEUR

23-31, PASSAGE CHOISEUL, 23-31

M DCCC XCIX

Leconte de Lisle ayant manifesté le désir que la publication de ses œuvres posthumes nous fût confiée, nous y avons apporté le soin pieux que devaient à sa chère et illustre mémoire notre reconnaissance et notre admiration.

JOSÉ-MARIA DE HEREDIA.
LE Vte DE GUERNE.

DERNIERS POÈMES

DERNIERS POÈMES

La Paix des Dieux

Or, le Spectre dardait ses rigides prunelles
Sur l'Homme de qui l'âme errait obscurément,
Dans un âpre désir des Choses éternelles,
Et qui puisait la vie en son propre tourment.

Et l'Homme dit : — Démon ! qui hantes mes ténèbres,
Mes rêves, mes regrets, mes terreurs, mes remords,
O Spectre, emporte-moi sur tes ailes funèbres,
Hors de ce monde, loin des vivants et des morts.

Loin des globes flottant dans l'Étendue immense
Où le torrent sans fin des soleils furieux
Roule ses tourbillons de flamme et de démence,
Démon ! emporte-moi jusqu'au Charnier des Dieux.

Oh ! Loin, loin de la Vie aveugle où l'esprit sombre
Avec l'amas des jours stériles et des nuits,
Ouvre-moi la Cité du silence et de l'ombre,
Le sépulcre muet des Dieux évanouis.

Dorment-ils à jamais, ces Maîtres de la Terre
Qui parlaient dans la foudre au monde épouvanté
Et siégeaient pleins d'orgueil, de gloire et de mystère ?
Se sont-ils engloutis dans leur éternité ?

Où sont les Bienheureux, Princes de l'harmonie,
Chers à la sainte Hellas, toujours riants et beaux,
Dont les yeux nous versaient la lumière bénie
Qui semble errer encor sur leurs sacrés tombeaux ?

O Démon ! Mène-moi d'abîmes en abîmes,
Vers ces Proscrits en proie aux siècles oublieux,
Qui se sont tus, scellant sur leurs lèvres sublimes
Le Mot qui fit jaillir l'Univers dans les cieux.

Vois ! mon âme est semblable à quelque morne espace
Où, seul, je m'interroge, où je me réponds seul,
Et ce monde sans cause et sans terme où je passe
M'enveloppe et m'étreint comme d'un lourd linceul. —

Alors le Compagnon vigilant de ses rêves
Lui dit : — Reste, insensé ! Tu plongerais en vain
Au céleste océan qui n'a ni fond ni grèves.
C'est dans ton propre cœur qu'est le Charnier divin.

Là sont tous les Dieux morts, anciens songes de l'Homme,
Qu'il a conçus, créés, adorés et maudits,
Évoqués tour à tour par ta voix qui les nomme,
Avec leurs vieux enfers et leurs vieux paradis.

Contemple-les au fond de ce cœur qui s'ignore,
Chaud de mille désirs, glacé par mille hivers,
Où dans l'ombre éternelle et l'éternelle aurore
Fermente, éclate et meurt l'illusoire univers.

Regarde-les passer, ces spectrales Images
De peur, d'espoir, de haine et de mystique amour,
A qui n'importent plus ta foi ni tes hommages,
Mais qui te hanteront jusques au dernier jour. —

Et l'Hôte intérieur qui parlait de la sorte,
Au gouffre ouvert de l'âme et des temps révolus
Évoqua lentement, dans leur majesté morte,
Les apparitions des Dieux qui ne sont plus.

Et l'Homme se souvint des jours de sa jeunesse,
Des heures de sa joie et des tourments soufferts,
Saisi d'horreur, tremblant que le passé renaisse
Et, forçat libre enfin, pleurant ses premiers fers.

Comme un blême cortège, à travers la nuit noire,
Les Spectres immortels, en un déroulement
Multiplié, du fond de sa vieille mémoire,
Passèrent devant lui silencieusement.

Or, il vit Ammon-Râ, ceint des funèbres linges,
Avec ses longs yeux clos de l'éternel sommeil,
Les reins roides, assis entre les quatre singes,
Traîné par des chacals sur la nef du Soleil;

Puis tous ceux qu'engendra l'épais limon du Fleuve :
Thoth le Lunaire, Khons, Anubis l'Aboyeur
Qui pourchassait les morts aux heures de l'Épreuve,
Isis-Hathor, Apis, et Ptâh le Nain rieur;

Puis Ceux qui, fécondant l'universelle fange
Par le souffle vital et la vertu du feu,
Firent pleuvoir du Ciel les eaux saintes du Gange
Et de la mer de lait jaillir le Lotus bleu;

Et tous les Baalim des nations farouches :
Le Molok, du sang frais de l'enfance abreuvé,
Halgâh, Gad et Phégor et le Seigneur des mouches,
Et sur les Kheroubim le sinistre Iahvé;

Et, près du Tsebaoth, les Aschéras phalliques,
Et le squammeux Dahâk aux trois têtes, dardant
Telles que six éclairs ses prunelles obliques,
Un jet de bave rouge au bout de chaque dent;

Puis Ahourâ-Mazda, la Lumière vivante,
D'où les Izeds joyeux sortaient par millions,
Et le sombre Ahrimân, le Roi de l'épouvante,
Couronné de l'orgueil de ses rébellions ;

Puis Asschour et Nergal, Bel dans sa tour de briques
Et ceux des monts, des bois obscurs et de la mer :
Hu-ar-Braz et Gwidhoûn et les Esprits Kimriques ;
Et les Dieux que l'Aztèque engraissait de sa chair ;

Et les Ases, couchés sur les neiges sans bornes :
Odin, Thor et Freya, Balder le Désiré
Qui devait s'éveiller aux hurlements des Nornes
Quand ta Fille jalouse, Ymer, aurait pleuré ;

Puis les divins Amis de la Race choisie,
Les Immortels subtils en qui coulait l'Ikhôr,
Héroïsme, Beauté, Sagesse et Poésie,
Autour du grand Kronide assis au Pavé d'or ;

Enfin, dans le brouillard qui monte et le submerge,
Pâle, inerte, roidi du crâne à ses pieds froids,
Le blond Nazaréen, Christ, le Fils de la Vierge,
Qui pendait, tout sanglant, cloué nu sur sa croix.

Et l'Homme cria : — Dieux déchus de vos empires,
O Spectres, ô Splendeurs éteintes, ô Bourreaux
Et Rédempteurs, vous tous, les meilleurs et les pires,
Ne revivrez-vous plus pour des siècles nouveaux ?

Vers qui s'exhaleront les vœux et les cantiques
Dans les temples déserts ou sur l'aile des vents?
A qui demander compte, ô Rois des jours antiques,
De l'angoisse infligée aux morts comme aux vivants?

Vous en qui j'avais mis l'espérance féconde,
Contre qui je luttais, fier de ma liberté,
Si vous êtes tous morts, qu'ai-je à faire en ce monde,
Moi, le premier croyant et le vieux révolté? —

Et l'Homme crut entendre alors dans tout son être
Une Voix qui disait, triste comme un sanglot :
— Rien de tel, jamais plus, ne doit revivre ou naître;
Les Temps balayeront tout cela flot sur flot.

Rien ne te rendra plus la foi ni le blasphème,
La haine, ni l'amour, et tu sais désormais,
Éveillé brusquement en face de toi-même,
Que ces spectres d'un jour c'est toi qui les créais.

Mais, va! Console-toi de ton œuvre insensée.
Bientôt ce vieux mirage aura fui de tes yeux,
Et tout disparaîtra, le monde et ta pensée,
Dans l'immuable paix où sont rentrés les Dieux. —

L'Orient

Vénérable Berceau du monde, où l'Aigle d'or,
Le Soleil, du milieu des Roses éternelles,
Dans l'espace ébloui qui sommeillait encor
Ouvrit sur l'Univers la splendeur de ses ailes !

Fleuves sacrés, forêts, mers aux flots radieux,
Ame ardente des fleurs, neiges des vierges cimes,
O très saint Orient, qui conçus tous les Dieux,
Puissant évocateur des visions sublimes !

Vainement, à l'étroit dans ton immensité,
Flagellés du désir de l'Occident mythique,
En des siècles lointains nos pères t'ont quitté ;

Le vivant souvenir de la Patrie antique
Fait toujours, dans notre ombre et nos rêves sans fin,
Resplendir ta lumière à l'horizon divin.

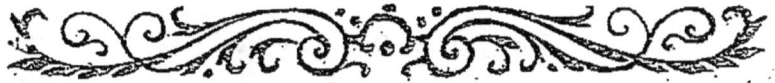

La Joie de Siva

Les siècles, où les Dieux, dès longtemps oubliés,
Par millions, jadis, se sont multipliés ;
Les innombrables jours des aurores futures
Qui luiront sur la vie et ses vieilles tortures,
Et qui verront surgir, comme des spectres vains,
Des millions encor d'Éphémères divins ;
Et l'âge immesuré des astres en démence
Dont la poussière d'or tournoie au Vide immense,
Pour s'engloutir dans l'ombre infinie où tout va ;
Tout cela n'est pas même un moment de Siva.
Et quand l'Illusion qui conçoit et qui crée,
Stérile, aura tari sa matrice sacrée
D'où sont nés l'homme antique et l'univers vivant ;
Quand la terre et la flamme, et la mer et le vent,

Et la haine et l'amour, et le désir sans trêve,
Les larmes et le sang, le mensonge et le rêve,
Et l'éblouissement des soleils radieux,
Dans la nuit immobile auront suivi les Dieux;
Se faisant un collier de béantes mâchoires
Qui s'entre-choqueront sur ses épaules noires,
Siwa, dansant de joie, ivre de volupté,
O Mort, te chantera dans ton Éternité!

Hymnes Orphiques

PARFUM DES NYMPHES

Les Aromates

Nymphes! Race du Fleuve éternel qui déroule
Autour de l'Univers son murmure et sa houle!
Vierges aux corps subtils fluant sous les roseaux,
Vous qu'éveille le chant auroral des oiseaux,
Et qui vous reposez au fond des sources fraîches
Où Midi rayonnant trempe l'or de ses flèches!
Et vous, Reines des bois, Ames des chênes verts,
Et vous qui, sur les monts hantés par les hivers,
De vos célestes pieds plus étincelants qu'elles
Frôlez sans y toucher les neiges immortelles!
Bruits furtifs, doux échos, soupirs, parfums vivants,
Vous que de fleurs en fleurs porte l'aile des vents,

Qui, versant de vos yeux, en perles irisées,
Aux feuillages berceurs les limpides rosées,
Faites, du souffle pur de vos rires légers,
Sonner la double flûte aux lèvres des bergers ;
Joie et charme des eaux, des prés et des collines,
Salut ! Je vous salue, ô Visions divines !

PARFUM DE HÉLIOS-APOLLÔN

L'Héliotrope

Radieuse Splendeur qui naquis la première !
Inévitable Archer, Titan, Porte-lumière,
Tueur du vieux Python dans le Marais impur,
Entends, exauce-nous, Œil ardent de l'azur,
Roi des riches saisons, des siècles et des races !

Éternel Voyageur aux flamboyantes traces,
Qui, joyeux, les cheveux épars, et jamais las,
De l'Orient barbare aux monts de la Hellas,
Loin du rose horizon où souriait l'Aurore,
Éveillant les cités, les bois, la mer sonore,
Pousses tes étalons hennissants et cabrés
Et franchis bonds par bonds l'orbe des cieux sacrés ;
Puis qui, debout, brûlant à leur plus haute cime,
Baignes tout l'Univers d'un seul regard sublime ;

O le pluss beau des Dieux en qui coule l'Ikhôr,
Entends-nous, Kithariste armé du plectre d'or !

Harmonieux amant des neuf Muses divines,
Embrase-nous du feu dont tu les illumines,
Afin que nous, mortels, qui ne vivons qu'un jour,
Nous chantions, consumés de leur unique amour !

PARFUM DE SÉLÈNÈ

Le Myrte

O Divine, salut ! Viens à nous qui t'aimons !
Descends d'un pied léger, par la pente des monts,
Au fond des bois touffus pleins de soupirs magiques ;
Sur la source qui dort penche ton front charmant
Et baigne son cristal du doux rayonnement
    De tes beaux yeux mélancoliques.

Toi qui, silencieuse et voilée à demi,
Surpris Endymion sur la mousse endormi
Et d'un baiser céleste effleuras ses paupières,
O blanche Sélènè, Reine des belles nuits,
L'essaim des songes d'or qui bercent nos ennuis
    S'éveille à tes molles lumières !

Égaré dans l'espace orageux, le marin,
Accoudé sur le bord des nefs au bec d'airain,
Entend rugir les flots et gronder les nuées ;
Mais il se rit du vent et de l'abîme amer,
Quand tu laisses errer sur l'écumeuse mer
    Tes blondes tresses dénouées.

Immortelle, entends-nous ! Sur ce monde agité
Épanche doucement ta tranquille clarté !
O Perle de l'azur, inclinée à leur faîte,
De tes voiles d'argent enveloppe les cieux,
Et guéris-nous, pour un instant délicieux,
    Des maux dont notre vie est faite.

PARFUM D'ARTÉMIS

La Verveine

Déesse à l'arc d'argent tendu d'un nerf sonore,
Qui, de flèches d'airain hérissant ton carquois,
Par les monts et la plaine et l'épaisseur des bois,
Un éclair dans les yeux, déchaînes dès l'aurore
De tes chiens découplés les furieux abois !

O Tueuse des cerfs et des lions sauvages,
Vierge à qui plaît la pourpre odorante du sang,
Que Délos vit jadis fière et grande en naissant,
Près du Dieu fraternel qui dorait les rivages,
Surgir de la Nuit sombre au Jour éblouissant !

Jamais la volupté n'a fleuri sur ta bouche,
Éros n'a point ployé ton col impérieux
Ni de ses pleurs d'ivresse attendri tes beaux yeux :
Comme un bouclier d'or, la Chasteté farouche,
O Vierge, te défend des hommes et des Dieux.

Mais quand ton corps divin, ô blanche Chasseresse,
A l'heure où le soleil brûlant darde ses traits,
Plonge et goûte en repos le charme des bains frais ;
Lorsque ta nudité que leur baiser caresse
Resplendit doucement dans l'ombre des forêts,

Bienhœureux qui, furtif, par les halliers propices,
A travers l'indiscret feuillage, un seul instant,
Te contemple, muet et le cœur palpitant !
Tu peux percer ce cœur enivré de délices :
Il t'a vue, Artémis ! Il t'aime et meurt content !

PARFUM D'APHRODITÉ

La Myrrhe

O Fille de l'Écume, ô Reine universelle,
Toi dont la chevelure en nappes d'or ruisselle,
Dont le premier sourire a pour toujours dompté
Les Dieux Ouraniens ivres de ta beauté,
Dès l'heure où les flots bleus, avec un frais murmure,
Éblouis des trésors de ta nudité pure,
De leur neige amoureuse ont baisé tes pieds blancs,
Entends-nous, ô Divine aux yeux étincelants !

Par quelque nom sacré que la terre te nomme,
Ivresse, Joie, Angoisse adorable de l'homme
Qu'un éternel désir enchaîne à tes genoux,
Aphrodité, Kypris, Erycine, entends-nous !

Tu charmes, Bienheureuse immortellement nue,
Le ramier dans les bois et l'aigle dans la nue ;

Tu fais, dès l'aube, au seuil de l'antre ensanglanté,
Le lion chevelu rugir de volupté ;
Par Toi la mer soupire en caressant ses rives,
Les astres clairs, épars au fond des nuits pensives,
Attirés par l'effluve embaumé de tes yeux,
S'enlacent déroulant leur cours harmonieux ;
Et jusque dans l'Érèbe où sont les morts sans nombre,
Ton souvenir céleste illumine leur ombre !

PARFUM DE NYX

Le Pavot

O Vénérable ! Oubli des longs jours anxieux,
Immortelle au front bleu, ceinte de sombres voiles,
Qui mènes lentement, dans le calme des cieux,
Tes noirs chevaux liés au char silencieux,
    Par la route d'or des étoiles !

Source des voluptés et des rêves charmants,
O Nyx, mère d'Hypnos aux languissantes ailes,
Toi qui berces le monde entre tes bras cléments,
Tandis que mille éclairs, de moments en moments,
    Allument tes mille prunelles,

Entends-nous, Bienheureuse ! Et puisses-tu, sans fin,
Et pour jamais, avec nos stériles chimères,
Et l'antique Kosmos, hélas ! où tout est vain,
Envelopper des plis de ton péplos divin
    Vivants et choses éphémères !

PARFUM DES NÉRÉIDES

L'Encens

Sous les nappes d'azur de la mer d'Ionie
Qui soupire au matin sa chanson infinie,
Quand le premier rayon du ciel oriental
Étincelle en glissant sur l'onduleux cristal,
Puissions-nous contempler, ô chères Néréides,
Vos longs yeux d'émeraude et vos beaux corps fluides !

De vos grottes de nacre aux changeantes couleurs
Où le rose corail épanouit ses fleurs,
Des berceaux d'algue verte aimés des Dieux Tritones,
Des mobiles vallons parsemés d'anémones,
Des profondeurs où luit sur le sable vermeil
L'opaline clarté d'un magique soleil,
Montez ! Laissez flotter dans les brises charmées
Vos tresses, d'un arome âpre et doux embaumées;
Et, mieux que le dauphin joyeux et diligent,
Fendez le flot natal d'un sillage d'argent !

O Filles de Thétis, gardez-nous des nuits noires,
Des écueils embusqués le long des promontoires,
Du Notos, tourmenteur de la divine Mer,
Par qui nefs et marins plongent au gouffre amer,
Et, propices toujours, que vos fraîches haleines
Jusqu'au port désiré gonflent nos voiles pleines.

PARFUM D'ADÔNIS

L'Anémone et la Rose

Sur la couche d'ivoire où nous te contemplons
Tu dors, cher Adônis, Éphèbe aux cheveux blonds!

O jeune Dieu, pleuré des Vierges de Syrie,
Quand le noir sanglier blessa ta chair fleurie,
Et s'enfuit, te laissant, immobile et sans voix,
De ton sang rose et frais baigner l'herbe des bois,
Sur la montagne et dans les profondes vallées
On entendit gémir les Nymphes désolées,
Et l'écho prolongea leurs pieuses douleurs;
Et Kypris, les cheveux épars, les yeux en pleurs,
T'enveloppant encor d'une suprême étreinte,
Troubla la paix des cieux de sa divine plainte :

— Adônis, Adônis! Tu meurs, et je t'aimais!
Te voilà mort, et moi, je ne mourrai jamais!

Tu faisais ma beauté, mon orgueil et ma joie,
Et je ne suis plus belle, et mon corps neigeux ploie
Comme un grand lys brisé par les vents de l'hiver !
Je suis Déesse, hélas ! Toi qui m'étais si cher,
Je ne te verrai plus ! Mes lèvres embaumées
Plus jamais ne joindront tes lèvres bien-aimées !
Mais si du sombre Érèbe on ne peut revenir,
Je puis faire du moins, triste et doux souvenir,
Croître et s'épanouir, au sol où tu reposes,
Sous mes pleurs l'anémone et dans ton sang les roses ! —

Telle parla Kypris, et, grâce à son amour,
Tu renais et tu meurs et renais tour à tour,
Et tu rends chaque année, à la terre ravie,
L'azur du ciel, les fleurs, la lumière et la vie.

Sur la couche d'ivoire où nous te contemplons
Éveille-toi toujours, Éphèbe aux cheveux blonds !

PARFUM DES ÉRINNYES

L'Asphodèle

Meute du noir Érèbe, ô vieilles Érinnyes,
Aux yeux caves où sont des éclairs aveuglants,
Qui d'un blême haillon serrez vos maigres flancs,
Et, l'oreille tendue au cri des agonies,
Aboyez sans relâche aux meurtriers sanglants !

Filles de l'Invisible, Hôtesses des Cavernes
Où jamais n'est entrée une lueur du jour,
Dont éternellement Styx fait neuf fois le tour,
Tandis que, sur la fange et le long des Eaux ternes,
Foule vaine, les Morts fourmillent sans retour;

Vous qui courez, volez, rapides et subtiles,
Emplissant de terreur l'antique Obscurité,
Secouant dans la nuit, sous un ciel empesté,
Vos sinistres cheveux hérissés de reptiles
Qui mordent, furieux, le cœur épouvanté,

Ne nous fascinez plus de vos faces livides!
Nous avons expié, que tout soit accompli!
Fuyez l'Hadès dans l'Ombre horrible enseveli,
Venez! Exaucez-nous, ô bonnes Euménides,
Et rendez-nous la paix, le pardon et l'oubli!

PARFUM DE PAN

Les Aromates

L'air lumineux, l'Érèbe et la mer inféconde,
Et l'abîme éthéré plein d'astres éclatants,
Et l'antique Gaia qui conçut les Titans,
Et les vents déchaînés dont l'aile vagabonde
Pourchasse dans la nuit les troupeaux haletants
Des nuages striés d'éclairs au ciel qui gronde,
Que sont-ils, sinon Toi, Pan, substance du monde !

O divin Chèvre-pied, frénétique et joyeux,
Ton souffle immense emplit la Syrinx éternelle !
Tout soupire, tout chante ou se lamente en elle ;
Et le vaste Univers qui dormait dans tes yeux,
Circulaire et changeant, sinistre ou radieux,
Avec ses monts, ses bois, ses flots, l'homme et les Dieux,
En se multipliant jaillit de ta prunelle,

Inépuisable Pan, vieux et toujours nouveau,
Toi qui fais luire au loin, pour des races meilleures,
Comme un pâle reflet de quelque vain flambeau,
L'Espérance stérile, hélas! dont tu nous leurres,
Et qui roules, marqués d'un implacable sceau,
Les siècles de ton rêve aussi prompts que tes heures,
Salut, ô Dieu terrible, Origine et Tombeau!

L'Enlèvement d'Européia

La montagne était bleue et la mer était rose.
Du limpide horizon, dans l'air tout embaumé,
L'Aurore, fleur céleste, et récemment éclose,
Semblait s'épanouir sur le monde charmé.

Non moins roses que l'Aube, au bord des vastes ondes,
Les trois Vierges, avec des rires ingénus,
Laissant sur leur épaule errer leurs boucles blondes,
Se jouaient dans l'écume où brillaient leurs pieds nus.

Le sein libre à demi du lin qui les protège,
Une lumière au cœur et l'innocence aux yeux,
Et la robe agrafée à leurs genoux de neige,
Elles allaient, sans peur des hommes et des Dieux.

Voici qu'un grand Taureau parut le long des côtes,
Grave et majestueux, ayant de larges flancs,
Une étoile enflammée entre ses cornes hautes
Et des éclats de pourpre épars sur ses poils blancs.

Le souffle ambroisien de ses naseaux splendides
L'enveloppait parfois d'un nuage vermeil
Tel que la vapeur d'or dont les Époux Kronides
Abritaient leur amour et leur divin sommeil.

Il vint, et dans le sable où l'écume s'irise
Se coucha, saluant d'un doux mugissement
Le beau groupe immobile et muet de surprise,
Et caressa leurs pieds de son mufle fumant.

Or, le voyant ainsi prosterné, l'une d'elles,
Dont l'œil étincelant reflétait le ciel bleu,
Plus jeune, et la plus belle entre les trois si belles,
S'assit sur ce Taureau superbe comme un Dieu.

Tandis qu'elle riait dans sa naïve joie,
Lui, soudain se dressa sur ses jarrets de fer,
Et, rapide, emportant sa gracieuse proie,
En quelques bonds fougueux s'élança dans la mer.

Les deux autres, en pleurs, sur les algues marines
Couraient, pâles, les bras étendus vers les flots,
Suppliaient tour à tour les Puissances divines
Et nommaient leur compagne avec de longs sanglots.

Celle-ci, voyant fuir le doux sol d'Hellénie,
Se lamentait, tremblante : — Où vas-tu, cher Taureau ?
Pourquoi m'emportes-tu sur la houle infinie,
Cruel ! toi qui semblais si docile et si beau ?

Vois ! La mer est stérile et n'a point de prairies
Ni d'herbage odorant qui te puisse nourrir.
Hélas ! J'entends gémir mes compagnes chéries...
Reviens ! Ne suis-je pas trop jeune pour mourir ? —

Mais lui nageait toujours vers l'horizon sans bornes,
Refoulant du poitrail le poids des grandes Eaux
Sur qui resplendissait la pointe de ses cornes
A travers le brouillard qu'exhalaient ses naseaux.

Et quand la terre, au loin, se fut toute perdue,
Quand le silencieux espace Ouranien
Rayonna, seul, ardent, sur la glauque étendue,
Le divin Taureau dit : — O Vierge, ne crains rien.

Je suis le Roi des Dieux, le Kronide lui-même,
Descendu de l'immense Éther à tes genoux !
Réjouis-toi plutôt, ô Fleur d'Hellas que j'aime,
D'être immortelle aux bras de l'immortel Époux !

Viens ! Voici l'Ile sainte aux antres prophétiques
Où tu célèbreras ton hymen glorieux,
Et de toi sortiront des Enfants héroïques
Qui régiront la terre et deviendront des Dieux ! —

Frédégonde

FRAGMENT DU PREMIER ACTE

FRÉDÉGONDE, *d'une voix basse et haletante.*

Ah ! misérable ! mords ta langue. Hors d'ici !
Tais-toi. Tant que je vis, telle que me voici,
Et si bas que je tombe encore, vil serf, sache
Qu'il me suffit d'un geste et d'un mot, pour qu'on hache
En dix morceaux ta chair et tes os. Ne dis rien,
Et va-t'en ! Le conseil est bon. Au chenil, chien !
Au chenil ! Rampe, flatte et lèche, bête immonde !
C'est ta part. Mais crois-moi, prends garde à Frédégonde ;
Ne te retrouve plus jamais sur son chemin.
Et tremble qu'elle songe encore à toi demain !

La Mort du Moine

Les reins liés au tronc d'un hêtre séculaire
Par les lambeaux tordus de l'épais scapulaire,
Le moine était debout, tête et pieds nus, les yeux
Grands ouverts, entouré d'hommes silencieux,
Kathares de Toulouse et d'Albi, vieux et jeunes,
En haillons, desséchés de fatigue et de jeûnes,
Horde errante, troupeau de fauves aux abois
Que la meute pourchasse et traque au fond des bois.
Et tous le regardaient fixement. C'était l'heure
Où le soleil, des bords de l'horizon, effleure,
Par jets de pourpre sombre et par éclats soudains,
Les monts dont la nuit proche assiège les gradins ;
Et la tête du Moine, immobile, hantée
D'yeux caves, semblait morte et comme ensanglantée.

Or, le chef des Parfaits fit un pas, et tendit
Le bras vers le captif, et voici ce qu'il dit :

— Frères, voyez ce moine ! Il a la face humaine,
Mais son cœur est d'un loup, chaud de rage et de haine.
Il est jeune, et plus vieux de crimes qu'un démon.
Celui qui l'a pétri de son plus noir limon
Pour être dans la main de la Prostituée
Une bête de proie au meurtre habituée,
Et pour que, de l'aurore à la nuit, elle fût
Toujours soûle de sang et toujours à l'affût,
Fit du rêve hideux qui hantait sa cervelle
Un blasphème vivant de la Bonne Nouvelle.
Frères ! Notre Provence, ainsi qu'aux anciens temps,
Souriait au soleil des étés éclatants ;
Sur les coteaux, le long des fleuves, dans les plaines,
Les moissons mûrissaient, les granges étaient pleines,
Et les riches cités, orgueil de nos aïeux,
Florissaient dans la paix sous la beauté des cieux ;
Et nous coulions, heureux, nos jours et nos années,
Et nos âmes vers Dieu montaient illuminées,
Vierges du souffle impur de la grande Babel
Par qui saigne Jésus comme autrefois Abel,
Et qui, dans sa fureur imbécile et féroce,
Étrangle avec l'étole, assomme avec la crosse.
Ou, pareille au César des siècles inhumains,
De flambeaux de chair vive éclaire ses chemins !
Mais nos félicités, hélas ! sont non moins brèves

Que les illusions rapides de nos rêves,
Et, dans l'effroi des jours, l'épouvante des nuits,
Les biens que nous goûtions se sont évanouis,
Quand l'Antéchrist Papal, hors du sombre repaire,
Eut déchaîné ce loup sur notre sol prospère.
Il est venu, hurlant de soif, les yeux ardents,
La malédiction avec la bave aux dents,
Et poussant, comme chiens aboyeurs sur les pistes,
L'assaut des mendiants et des voleurs papistes
A qui tous les forfaits sont gestes familiers :
Princes bâtards, barons sans terre et chevaliers
Pillards, chassés du Nord pour actions perverses,
Et routiers vagabonds d'origines diverses.
Et tous se sont rués en affamés sur nous !
Et ce boucher tondu, le sang jusqu'aux genoux,
Pourvoyeur de la tombe et monstrueux apôtre,
Le goupil d'une main et la torche de l'autre,
Sans merci ni relâche, en son furieux vol,
A promené massacre, incendie et viol !
Frères, souvenez-vous ! Nos villes enflammées
Vomisssent au ciel bleu cris, cendres et fumées ;
Nos mères, nos vieillards, nos femmes, nos enfants,
Par milliers, consumés dans les murs étouffants,
Pendus, mis en quartiers, enfouis vifs sous terre,
Font du pays natal un charnier solitaire
D'où les corbeaux repus s'envolent, et qui dort
Dans l'horreur du supplice et l'horreur de la mort,
Mais qui gémit vers Dieu plus haut que le tonnerre !
Or, voici l'égorgeur et le tortionnaire.

La Justice tardive en nos mains l'a jeté.
Parle donc, Moine, au seuil de ton éternité !
L'heure est proche. Réponds. Repens-toi de tes crimes,
Et que Jésus t'absolve au nom de tes victimes ! —

Et le Moine écoutait l'homme impassiblement,
Tête haute, au milieu d'un sourd frémissement
De vengeance certaine et de plaisir farouche.
Puis, un amer mépris lui contractant la bouche
Et gonflant sa narine, il parla d'une voix
Grave et dure :

     — J'entends un insensé ! Je vois
De galeuses brebis, loin du Berger qui pleure,
Dans la vivante mort s'enfoncer d'heure en heure,
Et je leur dis ceci par ultime pitié :
Gémissez ! Déchirez votre corps châtié,
Lavez de votre sang les souillures de l'âme ;
Et peut-être, échappés à l'éternelle Flamme,
Dans quelques millions de siècles, mais un jour,
Serez-vous rachetés par le divin Amour
En vertu de la longue épreuve expiatoire
Et des heureux tourments du sacré Purgatoire.
Faites cela. J'ai dit. Sinon, chiens obstinés,
Chair promise à l'Enfer pour qui vous êtes nés,
Maudits septante fois, rebut du monde, écume
D'infection, qui sort de l'abîme et qui fume
De la gorge du Diable, allons ! Ne tardez plus,
Frappez ! Couronnez-moi du nimbe des Élus ;

Faites votre œuvre aveugle, ô misérable reste
De réprouvés, hideuse engeance, opprobre et peste
Des âmes! Hâtez-vous! Pour un homme de moins,
L'Église ni Jésus ne manquent de témoins.
Mille autres surgiront du sang de mon cadavre,
Mille autres brandiront le glaive qui vous navre;
Et je vois, au delà de ce siècle, approcher
Le jour où, dans le feu du suprême bûcher,
Le dernier d'entre vous, qu'un autre feu réclame,
Aux vents du Ciel vengé rendra sa cendre infâme.
Tuez! Je vous défie et vous hais!

      — Qu'il soit fait
Ainsi que tu le veux, Moine! dit le Parfait.
Au nom des Justes morts, crève, bête enragée!
Va cuver tout le sang dont ta soif s'est gorgée.
O monstrueux bâtard, fruit impur et charnel
De Rome la Ribaude et de Satanaël,
Sans qu'il puisse jamais la revomir au monde,
Rends-lui, plus maculée encor, ton âme immonde;
Et du fond de l'abîme où tes dents grinceront
Sous le reptile en feu qui rongera ton front,
Entends crier vers toi, de la terre où nous sommes,
Les exécrations des siècles et des hommes!
Va! Meurs! —

    Et le couteau tendu, rigide et lent,
Du sinistre martyr troua le cœur sanglant.
Et lui, plein d'un frisson d'inexprimable extase,

Renversa doucement sa tête blême et rase ;
Un sourire de joie et de ravissement
Sur ses lèvres erra voluptueusement ;
Son regard s'en alla vers la voûte infinie
Et, dans un long soupir de sereine agonie,
Il dit :

— Lumière ! Amour ! Paix ! Chants délicieux !
Salut ! Emportez-moi, saints Anges, dans les Cieux ! —

Les Raisons du Saint-Père

La nuit enveloppait les sept Monts et la Plaine.
Dans l'oratoire clos, le Pape Innocent trois,
Mains jointes, méditait, vêtu de blanche laine
Où se détachait l'or pectoral de la Croix.

Du dôme surbaissé, seule, une lampe antique,
Argile suspendue au grêle pendentif,
Éclairait çà et là le retrait ascétique
Et le visage osseux du Saint-Père pensif.

Or, tandis qu'il songeait, paupières mi-fermées
Sous les rudes sourcils froncés sévèrement,
De splendides lueurs et de myrrhe embaumées
Emplirent l'oratoire en un même moment.

Laissant pendre à plis droits sa robe orientale,
Un spectre douloureux, blême, aux longs cheveux roux,
En face du grand Moine immobile en sa stalle
Se dressa, mains et pieds nus et percés de trous.

Comme un bandeau royal, l'épais réseau d'épines,
D'où les gouttes d'un sang noir ruisselaient encor,
Se tordait tout autour de ses tempes divines
Sous les reflets épars de l'auréole d'or.

Et ce spectre debout dans sa majesté grave,
Hôte surnaturel, toujours silencieux,
Sur l'Élu des Romains et du sacré Conclave
Épanchait la tristesse auguste de ses yeux.

Mais le Pape, devant ce fantôme sublime
Baigné d'un air subtil fait d'aurore et d'azur,
Sans terreur ni respect de la sainte Victime,
Lui dit, la contemplant d'un regard froid et dur :

— Est-ce toi, Rédempteur de la Chute première?
Que nous veux-tu? Pourquoi redescendre ici-bas,
Hors de ton Paradis de paix et de lumière,
Dans l'Occident troublé que tu ne connais pas?

N'aurais-tu délaissé l'éternelle Demeure
Que pour blâmer notre œuvre et barrer nos chemins,
Et pour nous arracher brusquement, avant l'heure,
Le pardon de la bouche et le glaive des mains?

Ne nous as-tu pas dit, Martyr expiatoire :
Allez, dispersez-vous parmi les nations ;
Liez et déliez, et forcez-les de croire,
Et paissez le troupeau des générations ?

Les âmes, te sachant trop haut et trop loin d'elles,
Erraient à tous les vents, sans guide et sans vertu.
La faute n'en est pas à nous, tes seuls fidèles.
Ce qui dut arriver, Maître, l'ignorais-tu :

La Barque du Pêcheur, sous le fouet des tempêtes,
Et près de s'engloutir, n'espérant plus en toi ;
Et l'aveugle Hérésie, hydre au millier de têtes,
Déchirant l'Unité naissante de la Foi ;

Et sans cesse, pendant plus de trois cents années,
Le torrent débordé des peuples furieux
Se ruant, s'écroulant par masses forcenées
Du noir Septentrion d'où les chassaient leurs Dieux ?

Fallait-il donc, soumis aux promesses dernières
D'un retour triomphal toujours inaccompli,
Tendre le col au joug et le dos aux lanières,
Ramper dans notre fange et finir dans l'oubli ?

Souviens-toi de Celui qui, de son aile sombre,
T'emporta sur le Mont de l'Épreuve, et parla,
Disant : — Nazaréen ! Vois ces races sans nombre !
Si tu veux m'adorer, je te donne cela.

Je suis l'Esprit vengeur qui rompt les vieilles chaînes
Le Lutteur immortel, vainement foudroyé,
Qui sous le lourd fardeau des douleurs et des haines
Ne s'arrête jamais et n'a jamais ployé.

Fils de l'homme ! Je fais libre et puissant qui m'aime.
Réponds. Veux-tu l'Empire et régner en mon nom
Sachant tout, invincible et grand comme moi-même ? —
O Rédempteur, et Toi, tu lui répondis : Non !

Pourquoi refusais-tu, dans ton orgueil austère,
De soustraire le monde aux sinistres hasards ?
Pour fonder la Justice éternelle sur terre,
Que ne revêtais-tu la pourpre des Césars ?

Non, tu voulus tarir le fiel de ton calice ;
Et voici que, cloué sous le ciel vide et noir,
Trahi, sanglant, du haut de l'infâme supplice,
Ton dernier soupir fut un cri de désespoir !

Car tu doutas, Jésus, de ton œuvre sacrée,
Et l'homme périssable et son martyre vain
Gémirent à la fois dans ta chair déchirée
Quand la mort balaya le mirage divin.

Mais nous, tes héritiers tenaces, sans relâche,
De siècle en siècle, par la parole et le feu,
Rusant avec le fort, terrifiant le lâche,
Du fils du Charpentier nous avons fait un Dieu !

Au pied de ton gibet le stupide Barbare
A prosterné par nous son front humilié ;
Le denier du plus pauvre et l'or du plus avare
Ont dressé ton autel partout multiplié.

Comme un vent orageux chasse au loin la poussière,
Pour délivrer la Tombe où tu n'as laissé rien,
Nous avons déchaîné la horde carnassière
Des peuples et des rois sur l'Orient païen.

Vois ! La nuit se dissipe à nos bûchers en flammes,
La mauvaise moisson gît au tranchant du fer ;
Et mêlant l'espérance à la terreur des âmes,
Nous leur montrons le Ciel en allumant l'Enfer.

Et tu nous appartiens, Jésus ! Et, d'âge en âge,
Sur la terre conquise élargissant nos bras,
Dans l'anathème et dans les clameurs du carnage,
Quand nos Voix s'entendront, c'est Toi qui parleras !

O Christ ! Et c'est ainsi que, réformant ton rêve,
Connaissant mieux que toi la vile humanité,
Nous avons pris la pourpre et les Clefs et le Glaive,
Et nous t'avons donné le monde épouvanté.

Mais, arrivés d'hier à ce glorieux faîte,
Il reste à supprimer l'hérétique pervers.
Ne viens donc pas troubler l'œuvre bientôt parfaite
Et rompre le filet jeté sur l'univers.

Dans le sang de l'impie, au bruit des saints cantiques,
Laisse agir notre Foi, ne nous interromps plus ;
Retourne et règne en paix dans les hauts cieux mystiques,
Jusqu'à l'épuisement des siècles révolus.

Car, aussi bien, un jour, dussions-nous disparaître,
Submergés par les flots d'un monde soulevé,
Grâce à nous, pour jamais, tu resteras, ô Maître,
Un Dieu, le dernier Dieu que l'homme aura rêvé. —

Le Saint-Père se tut, prit sa croix pectorale
Qu'il baisa par trois fois avec recueillement,
Et se signa du pouce. Et l'Image spectrale
De ce qui fut le Christ s'effaça lentement.

Cozza et Borgia

FRAGMENT DES

ÉTATS DU DIABLE

———

LE DIABLE, JEAN XXIII,
ALEXANDRE VI.

. . . .

LE DIABLE.

Sang de Dieu! Balthazar, cette harangue est forte,
Et Votre Sainteté n'y va pas de main morte.
Par mes cornes, ma queue et mes griffes! Le vieux
Démosthènes, au Pnix, ne dégoisait pas mieux,
Ni le bon Tullius sur les Rostres de Rome.
Je suis émerveillé de pied en cap, cher homme!
Tant le discours est vif, nerveux, précis, net, clair,
Et siffle droit au but, tel qu'un trait d'arc dans l'air.
Ah! Compère, au beau temps de vos jeunes années,

Sur l'espale à treillis des nefs vermillonnées,
Les yeux luisants au fond du capuce marin,
La masse au poing, la cotte au dos, l'épée au rein,
Avec la courte hache et la miséricorde,
Dans l'âpre bruit du vent qui rompt antenne et corde,
Vous haranguiez ainsi vos joyeux compagnons,
Calabrais, Provençaux nourris d'ail et d'oignons,
Aragonais, Pisans, Génois, Grecs et Dalmates,
Hâlés, séchés, tannés, tatoués des stigmates
Du fouet et du carcan familiers aux meilleurs,
Mais réservant la part des Saints, pieux d'ailleurs.
La rage les mordait au ventre, et, dagues hautes,
Ils se ruaient comme un orage sur les côtes,
Bondissant à travers l'écume du ressac,
Mettant ville et faubourg, chaume et palais à sac,
Faisant flamber l'église avec le feu des cierges,
Forçant les celliers clos, les coffres et les vierges,
Et buvant à longs traits, pour être plus dispos,
Dans les ciboires d'or les vins épiscopaux.
En ce temps, Balthazar, maître en rêve du monde,
La Tiare étincelait dans votre âme profonde
Comme un astre au plus noir de l'épaisseur des cieux;
Et vous battiez alors, ô bel ambitieux,
Durant les sombres nuits, l'onde mélancolique
Pour enfler le futur trésor Apostolique.
J'en atteste la rouille aux clefs du Paradis!
J'ai toujours eu pour vous, entre tous les maudits,
Un vif attrait non moins qu'une très haute estime;
Vous aviez l'heureux flair du gain illégitime,

Le mépris naturel de l'antique vertu,
Le goût de la traîtrise et du chemin tortu,
L'esprit prompt et subtil, l'œil perçant, la main croche,
L'amour sacré de l'or, le cœur dur comme roche,
Et ne mettiez de trêve à vos extorsions
Que pour sacrifier aux tendres passions.
Dès que la Simonie, au grand jour insolente,
Eut mis l'Anneau mystique à votre main sanglante,
On vit bien, par le meurtre et le vol éhonté,
Que vous aviez conquis l'infaillibilité :
L'ancien pirate avait façonné le Saint-Père,
Et vous fîtes du Siège Unique un vrai repaire,
Un Pandémonium rare et complet, un lieu
D'édification parfaite. Ah! Sang de Dieu!
Ce fut un joyeux temps pour la vieille Nacelle!
Vous coupiez à la fois la gorge et l'escarcelle,
Vous vendiez l'Esprit-Saint, tant la part, tant le lot,
Pour le revendre encor. L'intarissable flot
Des écus ruisselait dans vos coffres avides
Si larges et si creux qu'ils semblaient toujours vides;
Et je m'ébahissais de voir ainsi les gens
Au sortir de vos mains nus comme des Saints-Jeans,
Émaciés, raclés, desséchés, sans haleine,
Et la peau s'en étant allée avec la laine
De l'agneau, comme avec le poil du maigre ânon,
Par l'Acte, le Décret, la Bulle et le Canon.
Mais vos félicités, Balthazar, furent brèves.
Telles les douces nuits que hantent les beaux rêves
Et que l'aube dissipe avec un long soupir.

Ce fut une heure amère. Il fallut déguerpir
De la Ville éternelle et de la Chaire unique,
Rendre gorge et subir l'arrêt Œcuménique.
L'eussiez-vous dit? Hélas! Ce que c'est que de nous!
Quand à travers les flots de la plèbe à genoux,
Au cliquetis joyeux des mules espagnoles,
Vous en tête, Saint-Père, et neuf cents vierges folles
En croupe, Cardinaux, Évêques gallicans
Ou romains, Abbés d'ordre et Docteurs éloquents,
Bohémiens et Hongrois, de Saxe et de Sicile,
Lumières de l'Église et du sacré Concile,
Prêtres, moines, soudards, princes et chevaliers
Dans la vieille Constance entrèrent par milliers,
Eussiez-vous cru, Cozza, que l'heure était prochaine
Où vous en sortiriez comme un ours à la chaîne,
Où l'on vous nommerait interminablement :
Hérétique, larron, meurtrier, excrément,
Simoniaque, intrus, chardon, ciguë, ortie,
Adultère, relaps, empoisonneur d'hostie,
Chien enragé, lion rugissant, loup hurleur,
Reptile variant sa ruse et sa couleur,
Caïn, Coré, Judas, sorcier, spectre effroyable,
Pape de l'Antéchrist, vomissement du Diable,
Et cætera, le tout en très mauvais latin?
Sans compter que, dès l'aube, et du soir au matin,
On vous lut l'anathème et ses souhaits moroses.
Vous n'étiez pas, mon bon, sur des lys et des roses,
Et vous fûtes maudit des pieds au sinciput
Aussi complètement que l'Esprit-Saint le put,

Dans la tête, les reins, le ventre, les narines,
Debout, couché, mangeant, et jusques aux latrines!
La chose n'était pas folâtre, Triple-Dieu!
Blême, sans le plus mince écu, sans feu ni lieu,
Par un trou dans le mur rampant à quatre pattes,
Du cachot synodal, mon fils, vous décampâtes
Au moment opportun, car, le cas échéant,
Il était fort possible et même fort séant,
Tant un païen qu'on brûle exhale un doux arome,
Que vous fussiez rôti comme Huss et Jérome.
Mais l'anguille est glissante et le mulet têtu;
On n'est pas assommé pour être un peu battu;
De sorte qu'on vous vit bientôt, plus blanc que neige,
Doyen des Cardinaux dans le Sacré-Collège,
Mangeant chaud, buvant frais, gorgé d'or, gai, dodu,
Et goûtant le repos qui vous était bien dû.
O roi des loups de mer et des grands hypocrites,
Certes, je n'entends point restreindre vos mérites;
J'ai connu rarement un homme plus complet,
Plus rongeur d'os jusqu'à la moelle, plus valet
Du fort, plus dur au faible, insolent et féroce
Lorsque vous brandissiez ou la hache ou la crosse,
Ni plus vil et rampant quand vous étiez traqué.
Celui qui vous a fait ne vous a pas manqué,
Balthazar! Et l'Enfer lui doit une chandelle
De taille et d'épaisseur, qui fera parler d'elle.
Pourtant, mon éloquent ami, votre moyen
Est piètre, étant donné le siècle, et ne vaut rien.
Donc, quant à pratiquer vos intentions pies,

Non pas! Les nations crieraient comme des pies;
Ce serait un haro sans fin, universel,
Et tout nous manquerait, l'eau, la terre et le sel.
Or, veuillez réfléchir précisément, mon maître,
Que la Foi Catholique étant ma raison d'être,
Sa mort serait ma mort. Je ne rimerais plus
A rien. Mes chauds brasiers deviendraient superflus;
Et le Dieu d'Augustin, n'ayant plus son vieux Diable,
Finirait comme moi de façon pitoyable.
Non, non! Pousser à bout ainsi les bonnes gens,
C'est risquer de les rendre un jour intelligents.
La force est bonne en soi, mais il est authentique
Qu'on en use fort mal, étant paralytique.
Qu'en pense Borgia?

ALEXANDRE VI.

    Seigneur, assurément,
Vous parlez d'or, voilà quel est mon sentiment.
Agir de violence est au moins inutile;
Et si je rends hommage à la vigueur du style
Comme aux vertus de mon sacré Prédécesseur,
J'incline nonobstant aux moyens de douceur.
Pour ses enfants rétifs, l'Église, en bonne mère,
Dissimulant le goût de la liqueur amère,
Enduit de miel les bords de la coupe. Il lui plaît
De prendre, comme on dit, les mouches dans du lait.
On ne peut pas toujours, tant la grâce est tarie,
Faire un apostolat de la piraterie,
Voler de petits Juifs pour les vendre au bazar.

Vous viviez en un temps, messire Balthazar,
Si j'ose dire, un peu farouche et ridicule,
Où chacun se donnait des torsions d'hercule
En levant des fétus de paille à bras tendus.
Je n'oublierai jamais quels respects vous sont dus ;
Mais dans la conjoncture où nous sommes, Saint-Père,
Il m'est avis qu'un âne et vous faites la paire,
Et je suais à vous ouïr, sur mon honneur !

JEAN XXIII.

Corbacque ! que nous veut ce vieil empoisonneur ?
Que j'aie en proue assaut de vent et de marée,
Que je sois hissé court à l'antenne carrée,
Si je laisse hâbler cet onagre espagnol
Qui brait en se donnant des airs de rossignol !
Allons ! vil trafiquant de capes écarlates,
Tu n'hériteras pas du Diable que tu flattes,
Tu ne drogueras pas son hanap ! Or, bandit,
Géniteur de bâtards et de gueuses, c'est dit :
Parle mieux, ou, sinon, d'un revers sur ta face,
Ainsi que Colonna souffleta Boniface,
J'écrase ta mâchoire aux crochets vipérins,
Et d'un estoc pointu je te pique les reins !

LE DIABLE.

Jean ! Moins de violence et moins de promptitude,
Et soyez plus poli pour sa Béatitude.
Vous avez des façons d'écumeur, mon ami,
Tudieu ! qui ne sont pas féroces à demi.

Que Diable ! — Je me prends à témoin, faute d'autre, —
Il n'a rien dit que de très vrai, le bon apôtre.
D'ailleurs, de tels propos sont des plus hasardeux.
Veuillez considérer qui vous étiez tous deux ;
Que si Vos Saintetés conversent ainsi d'elles,
Vous épanouirez la rate aux infidèles ;
Que chacun, pour le mieux, doit user de ses dons,
Et qu'il s'agit en fait de garder ses dindons.
Borgia, n'ayez point cet air penaud et blême.
Jean vingt-trois, je l'avoue, est un peu vif ; il aime,
Par coutume et par goût, le massacre et l'argent,
Mais pour un vieux pirate, il est intelligent.
En somme, songez-y, vertueux Alexandre,
Vos âmes et vos corps sont ombre vaine et cendre,
Et jamais plus le fer, la corde et les poisons
Subtils n'interrompront le cours de vos saisons.
Rassurez-vous, parlez.

ALEXANDRE VI.

   O délices ! ô gloire !
O plats d'or qui luisiez sur les tables d'ivoire !
Marsala, Syracuse, Alicante et Muscat !
O soupers bienheureux de mon pontificat,
Coupes, flambeaux, richesse étincelante ! O joie !
O beaux corps enlacés sur les tapis de soie,
Murmures des baisers pleuvant sur les seins nus,
Rêves du Paradis, qu'êtes-vous devenus ?
Qu'il était doux, couché dans la pourpre Romaine,
De jouir amplement de la bêtise humaine,

De partager le monde après boire, octroyant,
Pour deux cents marcs d'or fin, l'Occident, l'Orient,
Iles et terre ferme, hommes, femmes, épices,
Aux Rois, mes argentiers, pillant sous mes auspices,
Et de voir, en goûtant le frais des chênes verts,
Haleter au soleil le stupide univers !
Quel rêve ! O merveilleux enchaînement des choses,
Qui dans l'âcre parfum des femmes et des roses,
Et du sang, sous l'éclat des torches allumant
Mes tentures de pourpre et d'or, au grondement
De la foudre impuissante, au chant des voix serviles,
Dans la prostration des multitudes viles,
Nuits et jours, ramenant les grands songes anciens,
Me rendait la splendeur des temps Césariens !
Et toi, vivante fleur de la chaude Italie,
Éclatante du sang qui nous brûle et nous lie,
En un moment d'ivresse éclose au clair matin
Pour parfumer ma couche et le beau ciel Latin !
O toi qui me versais du regard et des lèvres
Le flot des voluptés et des divines fièvres,
Pour qui mon fils César, le pâle Cardinal,
Occit le Gandia la nuit du Carnaval,
Afin que, consumé du désir qui l'enivre,
Il mourût des baisers dont il eût voulu vivre,
Ma fille, que mon sein plein de flamme couvait !...

LE DIABLE.

Mon féal ! Vous feriez rougir, s'il se pouvait,
De vos débordements, Madame Marozie.

Sa mère vénérable en est toute saisie ;
Balthazar en devient très rose, plus vermeil
Que l'aube ou qu'une vierge au sortir du sommeil ;
Et Madame Lucrèce, en personne bien née,
Entre nous, Très Saint-Père, en est un peu gênée.
Refrénez votre langue et n'en dites pas plus ;
Ces souvenirs charmants sont ici superflus.
Aussi bien, tenez-le pour certain et notoire,
C'est au Diable qu'il sied de narrer votre histoire.
Dût le jeune Benoît, qui vendit les deux clefs
A Gratien, pour deux mille écus déjà volés,
Et qui fut plus méchant que vous, comme il s'en pique,
Sécher de jalousie à ce récit épique ;
Dût le bétail humain, imbécile et poltron,
Fait pour le bât, le fouet, la bride et l'éperon,
S'épouvanter de voir de quelle boue immonde
Le Porc pontifical éclaboussa le monde,
Sans que les peuples vils, saturés de dégoût,
Aient balayé l'ordure effroyable à l'égout,
Et, purifiant l'air que tout homme respire,
Brûlé le siège où le scélérat devient pire ;
La chose sera dite et marquée à mon sceau,
Et vous serez content de ce petit morceau.
Mais revenons à nos moutons qu'il nous faut tondre.
Balthazar a parlé, c'est à vous de répondre.
Donc, au fait, chien mitré, vieux drôle au cœur de fer,
Et ne révolte pas la pudeur de l'Enfer !

. . . .

La Fatalité

SUR UN GROUPE DU STATUAIRE E. CHRISTOPHE

L'épée en main, le pied sur la roue immortelle,
Douce à l'homme futur, terrible au dieu dompté,
Elle vole, les yeux dardés droit devant elle,
Dans sa grâce, sa force et sa sérénité !

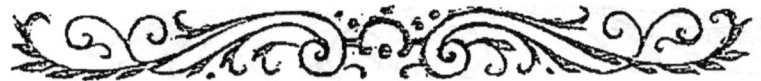

Le Baiser suprême

SUR UN GROUPE DU STATUAIRE E. CHRISTOPHE

Heureux qui, possédant la Chimère éternelle,
Livre au Monstre divin un cœur ensanglanté,
Et savoure, pour mieux s'anéantir en elle,
L'extase de la mort et de la volupté
Dans l'éclair d'un baiser qui vaut l'éternité!

Le Dernier des Maourys

C'était un soir du monde austral océanique.
Écarlate, à demi baigné des flots dormants,
Le soleil flagellait de ses rayonnements
Les longues houles d'or de la Mer Pacifique.

Les lames, tour à tour, et près de s'assoupir,
A travers le corail des récifs séculaires,
S'en venaient, le marbrant de leurs écumes claires,
S'éteindre sur le sable en un grave soupir.

Or, ce soir-là, tandis que, rose sur les cimes,
La lumière laissait la nuit, par bonds croissants,
Escalader les monts de versants en versants,
Sur le roc qui longeait la mer nous nous assîmes.

Le ciel, dans le silence et dans la majesté,
Planait sur le désert de l'Océan paisible,
Et déjà la lueur de la lune invisible
Tremblait à l'Orient vaguement argenté.

Osseux, le front strié de creuses rides noires,
Tatoué de la face à ses maigres genoux,
Le vieux Chef dilatait ses yeux jaunes sur nous,
Assis sur les jarrets, les paumes aux mâchoires.

Un haillon rouge autour des reins, ses blanches dents
De carnassier mordant la largeur de sa bouche,
On eût dit une Idole inhumaine et farouche
Qui rêve et ne peut plus fermer ses yeux ardents.

A la rigidité rugueuse de ce torse
Labouré de dessins l'un à l'autre enlacés,
On sentait que le poids de tant de jours passés
L'avait pétrifié sans en rompre la force.

Tel, inerte, il songeait silencieusement.
Puis enfin, retroussant sa lèvre avec un râle,
Il se mit à parler d'une voix gutturale,
Apre comme l'écho d'un fauve grondement :

— Voyez! Le monde est grand. La terre est-elle pleine
Où vos pères sont morts, où vos enfants sont nés ?
Fuyez-vous, par la faim sans trêve aiguillonnés,
De l'aurore au couchant, blêmes et hors d'haleine ?

Non! Mais l'essaim vorace, impossible à saisir,
Des moustiques vibrant dans la nuit lourde et chaude,
Moins avide que vous, se multiplie et rôde;
Vos cœurs sont consumés d'un éternel désir.

Écoutez, Blancs! Ma race était l'antique aïeule
Des hommes qu'autrefois, loin du soleil levant,
Nos Dieux avaient portés sur les ailes du vent
Dans l'Ile solitaire où la foudre errait seule.

Le divin Mahouï, de son dos musculeux,
Y remuait encor les montagnes surgies
Et dans leurs cavités soufflait ses énergies
Qui flamboyaient d'en haut sur leurs abîmes bleus.

Et les temps s'écoulaient, et, de la base au faîte,
Le bloc géant, couvert d'écume et de limons,
Fut stable, et les forêts verdirent sur les monts,
Et le Dieu s'endormit, son œuvre étant parfaite.

Il s'endormit dans Pô, la noire Nuit sans fin,
D'où vient ce qui doit naître, où ce qui meurt retombe,
Ombre d'où sort le jour, l'origine et la tombe,
Dans l'insondable Pô, le Réservoir divin.

Et, palpitants, éclos de la chaleur féconde,
Les germes de la Vie, épars au fond du sol,
Pour semer leurs essaims vagabonds à plein vol,
Ouvrirent par milliers les entrailles du monde.

Et mes pères anciens, les braves Maourys,
Vers le jeune soleil faisant vibrer leurs flèches,
Se couchèrent joyeux au bord des sources fraîches
Qui chantaient, ruisselant sur les coteaux fleuris.

Bien des soleils sont morts dans ma vieille prunelle
Depuis que je suis né, là-bas, sous d'autres cieux,
Sur la côte orageuse où les os des aïeux
Dorment, bercés au bruit de la mer éternelle.

Au fond des bois, enfants d'un immuable été,
Sur les sommets baignés de neiges et de flammes,
Hardi nageur riant du choc des hautes lames,
J'ai grandi dans ma force et dans ma liberté.

Le mâle orgueil de vivre emplissait ma poitrine,
Et sans m'inquiéter du fugitif instant,
Je sentais s'élargir dans mon cœur palpitant
Le ciel immense avec l'immensité marine.

Qu'ils étaient beaux, ces jours qui ne me luiront plus,
Où j'ai mangé la chair et bu le sang des braves,
Moi, Chef des chefs, servi par un troupeau d'esclaves
Dans la hutte où pendaient cent crânes chevelus !

Je les avais tranchés, en face, homme contre homme,
Ces crânes de guerriers, dans mes jours triomphants,
Pour que le fier esprit qui les hantait vivants
Me fît un des meilleurs parmi ceux qu'on renomme.

Car afin d'agrandir et de hausser leur cœur,
Nos vaillantes tribus luttaient, pleines de joie,
Et le vaincu, conquis comme une noble proie,
De sa chair héroïque engraissait le vainqueur.

Mais la lumière tombe aux nuits Occidentales ;
Toute gloire éclatante a de mornes revers ;
Les Dieux trahissent l'homme, et les Esprits pervers
Déchaînent le torrent de nos heures fatales.

Or, mille Maourys de l'Ile aux pics neigeux,
Jaloux de notre gloire et de nos champs prospères,
Pour s'emparer du sol hérité de nos pères
Franchirent une nuit le détroit orageux.

Nous fîmes vaillamment, et le combat fut rude.
On brisa bien des os, on rompit bien des cous,
Avant que ma tribu, sous l'averse des coups,
Dût céder à l'assaut de cette multitude.

Donc, furieux, le cœur saignant, à bout d'efforts,
Acculé sur les rocs qui hérissent la côte,
Avec deux cents guerriers, par la mer vaste et haute
J'ai fui vers l'Orient, où va l'âme des morts.

Entassant jusqu'au bord des pirogues couplées
Vivres, silex tranchants, lances à pointes d'os,
Esclaves pagayeurs, enfants liés au dos
Des femmes qui hurlaient, d'épouvante affolées ;

Loin de l'Ile natale emportés à jamais
Dans l'horreur de l'espace infranchissable et sombre,
Nous allions, et les Dieux qui nous chassaient dans l'om[bre]
A nos clameurs d'angoisse étaient sourds désormais.

Onze fois le soleil illumina la nue,
Onze fois l'ombre épaisse enveloppa les cieux
Tandis que nous voguions au hasard, anxieux
Du pays d'où jadis notre race est venue.

La faim, la soif, l'ardeur des midis aveuglants
Tordaient et déchiraient nos chairs et nos entrailles;
Et nous buvions le sang des dernières batailles
Qui, rouge et tiède encor, ruisselait de nos flancs.

Battus et flagellés par la bave écumante
Que vomissait la gueule effroyable des flots,
Mêlant nos cris de guerre à leurs stridents sanglots,
Nous nagions, pleins de rage, à travers la tourmente.

Atouas! Dieux jaloux de mon passé si beau!
O traîtres et maudits! Mieux eût valu peut-être,
Expirant sur le sol sanglant qui me vit naître,
Choisir le noble sein des braves pour tombeau.

Enfin, à l'horizon des grandes Eaux salées,
Quand la brume nocturne un matin s'envola,
Brusquement apparut la terre où nous voilà,
Avec ses longs récifs, ses rocs et ses vallées.

Tout un peuple hideux, noir, stupide, crépu,
Y fourmillait, hurlant et nous jetant des pierres ;
Mais qu'étaient de tels chiens entre nos mains guerrières ?
Moins que rien. Mieux armés, d'ailleurs, qu'auraient-ils pu ?

Cela fut balayé comme les feuilles sèches
Qui s'en vont tournoyant dans les airs obstrués ;
Et, pour ne pas mourir, les guerriers tatoués
Mangèrent ces chiens noirs hérissés de nos flèches.

Ce qu'il restait du lâche et vil troupeau ploya
La tête sous le faix pesant de l'esclavage,
Jusqu'au jour où, grondant sur ce même rivage,
Votre fatal tonnerre, ô Blancs, nous foudroya.

Et tous les miens sont morts. Et moi, spectre funèbre
D'un Chef vaillant issu d'ancêtres glorieux,
Je vais, vous mendiant ma vie, et dans mes yeux
L'aile du grand sommeil passe et les enténèbre.

Puisque les nations de l'univers ancien
Se dispersent ainsi, Blancs, devant votre face ;
Puisque votre pied lourd les broie et les efface ;
Si les Dieux l'ont voulu, soit ! Qu'il n'en reste rien !

Le murmure se tait qui parlait dans mes songes,
Écho lointain des temps à jamais aboli,
Et je bois l'eau de feu qui me verse l'oubli.
J'ai dit. Vous n'avez point entendu de mensonges. —

Et le vieux Mangeur d'homme, alors, grinça des dents,
Nous mordit d'un regard de haine et de famine,
Et, brusque, redressant les jarrets et l'échine,
S'en alla, tête basse et les deux bras pendants.

Fantôme du passé, silencieuse image
D'un peuple mort, fauché par la faim et le fer,
Il s'enfonça dans l'ombre où soupirait la mer
Et disparut le long de la côte sauvage.

A Victor Hugo

Dors, Maître, dans la paix de ta gloire! Repose,
Cerveau prodigieux, d'où, pendant soixante ans,
Jaillit l'éruption des concerts éclatants!
Va! La mort vénérable est ton apothéose:
Ton Esprit immortel chante à travers les temps.
Pour planer à jamais dans la Vie infinie,
Il brise comme un Dieu les tombeaux clos et sourds,
Il emplit l'avenir des Voix de ton génie,
Et la terre entendra ce torrent d'harmonie
Rouler de siècle en siècle en grandissant toujours!

La Prairie

Dans l'immense Prairie, océan sans rivages,
Houles d'herbes qui vont et n'ont pas d'horizons,
Cent rouges cavaliers, sur les mustangs sauvages,
Pourchassent le torrent farouche des bisons.

La plume d'aigle au crâne, et de la face au torse
Striés de vermillon, arc au poing et carquois
Pendu le long des reins par un lien d'écorce,
Ils percent en hurlant les bêtes aux abois.

Sous les traits barbelés qui leur mordent les côtes,
Les taureaux chevelus courent en mugissant,
Et l'aveugle trouée, entre les herbes hautes,
Se mouille de leur bave et des jets de leur sang.

La masse épaisse, aux poils épars, toujours accrue,
Écrasant blessés, morts, chaparals rabougris,
Franchissant les rochers et les cours d'eau, se rue
Parmi les râlements d'agonie et les cris.

Au loïn, et derrière eux, mais rivés à leurs traces,
Les loups blancs du désert suivent silencieux,
Avec la langue hors de leurs gueules voraces
Et dardant de désir la braise de leurs yeux.

Puis tout cela, que rien n'entrave ni n'arrête,
Beuglements, clameurs, loups, cavaliers vagabonds,
Dans l'espace, comme un tourbillon de tempête,
Roule, fuit et s'enfonce et disparaît par bonds.

Le Lac

C'est une mer, un Lac blême, maculé d'îles
Sombres, et pullulant de vastes crocodiles
Qui troublent l'eau sinistre et qui claquent des dents.
Quand la nuit morne exhale et déroule sa brume,
Un brusque tourbillon de moustiques stridents
Sort de la fange chaude et de l'herbe qui fume,
Et dans l'air alourdi vibre par millions;
Tandis que, çà et là, panthères et lions,
A travers l'épaisseur de la broussaille noire,
Gorgés de chair vivante et le mufle sanglant,
A l'heure où le désert sommeille, viennent boire;
Les unes en rasant la terre, et miaulant
De soif et de plaisir, et ceux-ci d'un pas lent,
Dédaigneux d'éveiller les reptiles voraces,

Ou d'entendre, parmi le fouillis des roseaux,
L'hippopotame obèse aux palpitants naseaux,
Qui se vautre et qui ronfle, et de ses pattes grasses
Mêle la vase infecte à l'écume des eaux.

Loin du bord, du milieu des roches erratiques,
Solitaire, dressant au ciel son large front,
Quelque vieux baobab, témoin des temps antiques,
Tord les muscles noueux de l'immuable tronc
Et prolonge l'informe ampleur de sa ramure
Qu'aucun vent furieux ne courbe ni ne rompt,
Mais qu'il emplit parfois d'un vague et long murmure.
Et sur le sol visqueux, hérissé de blocs lourds,
Saturé d'âcre arome et d'odeurs insalubres,
Sur cette mer livide et ces îles lugubres,
Sans relâche et sans fin, semble planer toujours
Un silence de mort fait de mille bruits sourds.

L'aigu bruissement

L'AIGU bruissement des ruches naturelles,
Parmi les tamarins et les manguiers épais,
Se mêlait, tournoyant dans l'air subtil et frais,
A la vibration lente des bambous grêles
Où le matin joyeux dardait l'or de ses rais.

Le vent léger du large, en longues nappes roses
Dont la houle indécise avivait la couleur,
Remuait les maïs et les cannes en fleur,
Et caressait au vol, des vétivers aux roses,
L'oiseau bleu de la Vierge et l'oiselet siffleur.

L'eau vive qui filtrait sous les mousses profondes,
A l'ombre des safrans sauvages et des lys,
Tintait dans les bassins d'un bleu céleste emplis,
Et les ramiers chanteurs et les colombes blondes
Pour y boire ployaient leurs beaux cols assouplis.

La mer calme, d'argent et d'azur irisée,
D'un murmure amoureux saluait le soleil;
Les taureaux d'Antongil, au sortir du sommeil,
Haussant leurs mufles noirs humides de rosée,
Mugissaient doucement vers l'Orient vermeil.

Tout n'était que lumière, amour, joie, harmonie;
Et moi, bien qu'ébloui de ce monde charmant,
J'avais au fond du cœur comme un gémissement,
Un douloureux soupir, une plainte infinie,
Très lointaine et très vague et triste amèrement.

C'est que devant ta grâce et ta beauté, Nature!
Enfant qui n'avais rien souffert ni deviné,
Je sentais croître en moi l'homme prédestiné,
Et je pleurais, saisi de l'angoisse future,
Épouvanté de vivre, hélas! et d'être né.

Le Piton des Neiges

La lumière s'éveille à l'orient du monde.

Elle s'épanouit en gerbes, elle inonde,
Dans la limpidité transparente de l'air,
Le givre des hauts pics d'un pétillant éclair.
Au loin, la mer immense et concave se mêle
A l'espace infini d'un bleu léger comme elle,
Où, s'enlaçant l'un l'autre en leur cours diligent,
Sinueux et pareils à des fleuves d'argent,
Les longs courants du large, aux sources inconnues,
Étincellent et vont se perdre dans les nues ;
Tandis qu'à l'Occident où la brume s'enfuit,
Comme un pleur échappé des yeux d'or de la Nuit,
Une étoile, là-bas, tombe dans l'étendue
Et palpite un moment sur les flots suspendue.

Mais sur le vieux Piton, roi des monts ses vassaux,
Hôte du ciel, seigneur géant des grandes Eaux,
Qui dresse, dédaigneux du fardeau des années,
Hors du gouffre natal ses parois décharnées,
Un silence sacré s'épand de l'aube en fleur.
Jamais le Pic glacé n'entend l'oiseau siffleur,
Ni le vent du matin empli d'odeurs divines
Qui rit dans les palmiers et les fraîches ravines,
Ni, parmi le corail des antiques récifs,
Le murmure rêveur et lent des flots pensifs,
Ni les vagues échos de la rumeur des hommes.
Il ignore la vie et le peu que nous sommes,
Et calme spectateur de l'éternel réveil,
Drapé de neige rose, il attend le Soleil.

Les yeux d'or de la Nuit

Les yeux d'or de la Nuit, dans la mer qui les berce,
Luisent comme en un ciel lentement onduleux.
Le tranquille soupir exhalé des flots bleus
Se mêle à l'air muet et tiède, et s'y disperse.

Les eaux vives, fluant sous les rosiers épais,
Qui d'un frisson léger meuvent les hautes mousses,
Éveillent des rumeurs subtiles et si douces
Qu'elles semblent accroître et répandre la paix.

Au fond des nids soyeux, la blonde tourterelle,
Et l'oiseau de la Vierge, hôte furtif des riz,
Enivrés de l'odeur des orangers fleuris,
Sous leur plume entr'ouverte ont ployé leur cou frêle.

Derrière le rideau des pics silencieux,
Vers l'Orient baigné d'une brume de perle,
Émerge, en épanchant sa blancheur qui déferle,
La lune éblouissante, épanouie aux cieux;

Tandis que, d'un seul bond, hors de l'antique abîme,
Comme un bloc lumineux et suspendu dans l'air,
La montagne immobile élargit sur la mer
Le reflet colossal de sa masse sublime.

O paix inexprimable! O nuit! Sommeil divin!
Mondes qui palpitiez sur les houles dorées!
Celui qui savoura vos ivresses sacrées
Y replonge à jamais en ses rêves sans fin.

Soleils! Poussière d'or...

Soleils! Poussière d'or éparse aux nuits sublimes
Où l'esprit éperdu s'envole et plonge en vain!
Vous épanchez sur nous, du fond de bleus abîmes,
La bienheureuse paix du silence divin,
Soleils! Poussière d'or éparse aux nuits sublimes :

Mais qui sait, ô splendeurs, ravissement des yeux,
Qui déroulez sans fin vos spirales sacrées
Dans l'infini désir d'un but mystérieux,
Qui sait si, loin de nous, des voix désespérées
Des plus amers sanglots ne troublent pas vos cieux?

Enfers ou Paradis des espaces sublimes,
Tels que nous qui passons ombres d'un songe vain,
L'inévitable Mort, d'abîmes en abîmes
Vous entraîne à jamais vers le Néant divin,
Enfers ou Paradis des espaces sublimes.

Ivres et haletants, portés de ciel en ciel
Par l'aveugle et fougueux torrent des Destinées,
Pourquoi jaillissez-vous du Vide originel?
Que sont des milliards de milliards d'années,
Quand vient l'heure où tout rentre au repos éternel?

Soleils, Mondes, Amour, illusions sublimes,
Désirs, splendeurs! si tout est éphémère et vain
Dans nos cœurs aussi bien qu'en vos profonds abîmes,
Votre instant est sacré, votre rêve est divin,
Soleils, Mondes, Amour, illusions sublimes!

Croulez donc dans la nuit du Gouffre illimité,
Mondes! Vivants soleils, éteignez donc vos flammes!
Et toi, qui fais un Dieu de l'homme, ô volupté,
Amour! Tu peux mourir, ô lumière des âmes,
Car ton rapide éclair contient l'éternité.

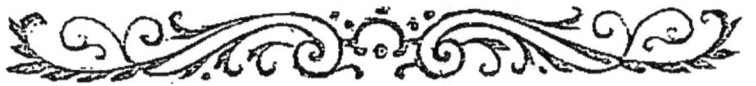

Dans l'air léger

VILLANELLE

Dans l'air léger, dans l'azur rose,
Un grêle fil d'or rampe et luit
Sur les mornes que l'aube arrose.

Fleur ailée, au matin éclose,
L'oiseau s'éveille, vole et fuit
Dans l'air léger, dans l'azur rose.

L'abeille boit ton âme, ô rose!
L'épais tamarinier bruit
Sur les mornes que l'aube arrose.

La brume, qui palpite et n'ose,
Par frais soupirs s'épanouit
Dans l'air léger, dans l'azur rose.

Et la mer, où le ciel repose,
Fait monter son vaste et doux bruit
Sur les mornes que l'aube arrose.

Mais les yeux divins que j'aimais
Se sont fermés, et pour jamais,
Dans l'air léger, dans l'azur rose!

Le Sacrifice

Rien ne vaut sous les cieux l'immortelle Liqueur,
Le Sang sacré, le Sang triomphal, que la Vie,
Pour étancher sa soif toujours inassouvie,
Nous verse à flots brûlants qui jaillissent du cœur.

Jusqu'au ciel idéal dont la hauteur l'accable,
Quand l'Homme de ses Dieux voulut se rapprocher,
L'holocauste sanglant fuma sur le bûcher
Et l'odeur en monta vers la nue implacable.

Domptant la chair qui tremble en ses rébellions,
Pour offrir à son Dieu sa mort expiatoire,
Le Martyr se couchait, sous la dent des lions,
Dans la pourpre du sang comme en un lit de gloire.

Mais si le ciel est vide et s'il n'est plus de Dieux,
L'amère volupté de souffrir reste encore,
Et je voudrais, le cœur abîmé dans ses yeux,
Baigner de tout mon sang l'autel où je l'adore !

La Rose de Louveciennes

Ces beaux arbres, témoins de tant d'amours anciennes,
Qui fléchissaient, chargés du poids des jours sans fin,
Respirent, rajeunis, ton arome divin,
O Fleur, vivante Fleur, Rose de Louveciennes !

Sous leur ombre un Poète immortel a chanté
Dont ils gardent encor la mémoire pieuse.
N'entends-tu pas errer cette âme harmonieuse
Comme un battement d'aile autour de ta beauté ?

Ah ! s'il pouvait renaître à la clarté bénie,
Mieux que les noms charmants qui lui furent si chers,
Il ferait resplendir dans l'or pur de ses vers
Ton doux nom florentin sacré par son génie !

Toi par qui j'ai senti

Toi par qui j'ai senti, pour des heures trop brèves,
Ma jeunesse renaître et mon cœur refleurir,
Sois bénie à jamais! J'aime, je puis mourir;
J'ai vécu le meilleur et le plus beau des rêves!

Et vous qui me rendiez le matin de mes jours,
Qui d'un charme si doux m'enveloppez encore,
Vous pouvez m'oublier, ô chers yeux que j'adore,
Mais jusques au tombeau je vous verrai toujours.

L'APOLLONIDE

PERSONNAGES

ION, fils d'Apollôn et de Kréousa.
XOUTOS, Roi de l'Attique.
UN VIEILLARD.
CHŒUR DES GUERRIERS DE XOUTHOS.
KRÉOUSA, Reine de l'Attique.
CHŒUR DES FEMMES DE KRÉOUSA.
LA PYTHONISSE.
CHŒUR DES MUSES.
CHŒUR DES ORÉADES.

SACRIFICATEURS. — JUGES. — PEUPLE DE PYTHÔ.

L'APOLLONIDE

PREMIÈRE PARTIE

Le Rocher de Pythô. A gauche, le Temple de Loxias Apollôn, en marbre blanc, à colonnes doriques, orné de sculptures et de peintures. A droite, un bois de lauriers et de myrtes, semé de roches creuses d'où ruisselle, parmi de grands lys, la source de Kastalia. Une coupe d'or sur une des roches. Au fond, une gorge de montagne s'ouvrant sur l'horizon. Le jour se lève. Iôn, vêtu de blanc et couronné de fleurs, ayant aux mains les guirlandes et les bandelettes sacrées, et, sur l'épaule, un arc et un carquois dorés, descend les marches du Temple, suivi des sacrificateurs Pythiques aux longues robes couleur de safran couronnés de lauriers.

SCÈNE PREMIÈRE

ION, LES SACRIFICATEURS.

UN SACRIFICATEUR.

Vers le pâle couchant, dans sa robe étoilée,
Déjà la Nuit tranquille au loin s'en est allée.

DEUXIÈME SACRIFICATEUR.

Voyez! le jeune Archer, roi du monde changeant,
Beau, fier, chevelu d'or et cuirassé d'argent,
Du fond de l'Ombre antique et des mers refluées
Pousse son char splendide à travers les nuées.

TROISIÈME SACRIFICATEUR.

Le quadrige hennit, l'éclair sort de l'essieu,
Et tout flamboie, et tout s'illumine d'un Dieu,
Les monts, la mer joyeuse et sonore, les plaines,
Les fleuves et les bois et les cités Hellènes!

CHŒUR DES SACRIFICATEURS.

STROPHE.

    Toi qui mènes le chœur dansant
    Des neuf Muses ceintes d'acanthes,
    Iô! Salut, Resplendissant!
    Prophète aux lèvres éloquentes!

ANTISTROPHE.

    Sur le monde immobile encor
    Dormait l'Obscurité première :
    Iô! La vie et la lumière
    Ont ruisselé de tes yeux d'or!

ÉPÔDE.

Tu vois naître et mourir les races fugitives,
Tu fais chanter l'oiseau dans son nid parfumé,
Et sous les antres frais germer les sources vives.
    Salut, Roi du ciel enflammé!

IÔN.

Chers sacrificateurs du divin Latoïde,
Purifiez vos mains dans l'onde kastalide ;
Allez, et sur l'autel encor silencieux,
Brûlez en un feu clair l'encens délicieux.
Pour moi, mêlant le myrte aux laines violettes,
Je vais suspendre ici les saintes bandelettes,
Et j'en écarterai les ailes de l'oiseau,
Car ce Temple sacré fut mon premier berceau.

Les sacrificateurs entrent dans le bois de lauriers. Iôn suspend les bandelettes aux colonnes. Il va détacher un rameau à droite, et l'agite devant le Temple.

SCÈNE II

ION, *seul.*

STROPHE.

O Laurier, qui verdis dans les Jardins célestes
Que l'Aube ambroisienne arrose de ses pleurs !
Laurier, désir illustre, oubli des jours funestes,
Qui d'un songe immortel sais charmer nos douleurs !
Permets que, par mes mains pieuses, ô bel Arbre,
Ton feuillage mystique effleure le parvis,
Afin que la blancheur vénérable du marbre
    Éblouisse les yeux ravis !

    Il suspend le rameau de laurier au-dessus des bandelettes et va puiser de l'eau dans une des roches creuses, avec la coupe d'or.

ANTISTROPHE.

O sources, qui jamais ne serez épuisées,
Qui fluez et chantez harmonieusement
Dans les mousses, parmi les lys lourds de rosées,
A la pente du mont solitaire et charmant !
Eaux vives ! sur le seuil et les marches Pythiques
Épanchez le trésor de vos urnes d'azur,

Et puisse aussi le flot de mes jours fatidiques
    Couler comme vous, chaste et pur !

Il fait une libation sur les marches du Temple.

Mais une ombre soudaine et de confus murmures
Viennent des pics neigeux et sortent des ramures.
Ils passent au ciel clair sur le Temple et les bois.
C'est le vol matinal des oiseaux. Je les vois !

Il prend l'arc, qu'il arme d'une flèche, et il en menace les oiseaux.

ÉPÔDE.

Fuis, grand aigle aux fauves prunelles,
  Augural messager des Dieux,
Qui tiens les foudres éternelles !
  Fuis, ô cygne mélodieux,
Dont l'aurore empourpre les ailes !
  Et vous, colombes et ramiers,
  Retournez aux nids familiers,
Dans les forêts sombres et fraîches !
  O doux oiseaux, vous m'êtes chers,
  Mais, docile au Dieu que je sers,
Je vous percerais de mes flèches !

Les oiseaux s'envolent. Les Sacrificateurs sortent du Bois, deux à deux, traversent la scène et montent au Temple. Derrière eux, entre le Chœur des femmes de Kréousa. Iôn est debout, appuyé sur son arc, à gauche.

SCÈNE III

ION, LE CHŒUR DES FEMMES.

PREMIÈRE FEMME.

Que ce bois de lauriers et de myrtes épais
Respire, ô chères sœurs, l'innocence et la paix,
Et que son ombre est douce où de fines lumières
Glissent par gouttes d'or des feuilles printanières !

DEUXIÈME FEMME.

Et cette eau qui jaillit du rocher ruisselant,
Qu'elle est pure !

TROISIÈME FEMME.

    Voyez ce réseau de guirlandes
Qui sur le seuil d'airain tombe du fronton blanc.
O Maison vénérable ! ô pieuses offrandes !

PREMIÈRE FEMME.

Femmes, ce Temple est beau comme ceux d'Athèna.

DEUXIÈME FEMME.

Certes ! il a l'éclat sans tache de la neige.

TROISIÈME FEMME.

Le divin Loxias l'habite et le protège ;
Il le bâtit lui-même et de ses mains l'orna.

PREMIÈRE FEMME, *montrant les sculptures
et les peintures.*

Vois le grand Hèraklès fauchant l'Hydre aux cent têtes !

DEUXIÈME FEMME.

Et l'antique Héros, sur le Cheval ailé,
Aussi prompt que l'éclair dans les noires tempêtes,
Perçant d'un glaive d'or le monstre échevelé !

TROISIÈME FEMME.

Ici la jeune Aurore et les Heures légères.

Les femmes s'avancent pour gravir les marches du Temple.

IÔN.

Admirez en silence, ô femmes étrangères,
Et demeurez. Bientôt le Temple va s'ouvrir,
Mais nul n'y peut entrer maintenant sans mourir.

PREMIÈRE FEMME.

O jeune homme, debout sur le seuil solitaire,
Pourrons-nous contempler le divin sanctuaire ?

IÔN.

Qu'un sang vermeil, d'abord, ruisselle pour le Dieu !

Puis, au Trépied d'airain, dans les parfums en feu,
Vous entendrez parler la pâle Prophétesse.

DEUXIÈME FEMME.

Nous précédons ici le Maître et la Maîtresse.

ION.

Quels sont-ils? De quelle île, ou de quel continent?
Et quels noms portent-ils sous le ciel rayonnant?

TROISIÈME FEMME.

O jeune homme, ils sont Rois de l'Attique sacrée,
Dans la ville où Pallas, la Vierge, est honorée.

ION.

Viennent-ils pour un songe, effroi des longues nuits?

PREMIÈRE FEMME.

Nous ne savons. Les Rois ont leurs secrets ennuis.
Pour nous, que notre cœur les sache ou les ignore,
Entendre et voir nous sont interdits; il faut clore
Nos lèvres. Mais voici notre Reine, Étranger,
Et, s'il te plaît ainsi, tu peux l'interroger.

SCÈNE IV

ION, KRÉOUSA, LE CHŒUR DES FEMMES.

IÓN, *à part.*

Si j'en crois sa beauté que nulle autre n'égale,
Cette femme sans doute est de race royale.
Mais d'où viennent les pleurs qui tombent de ses yeux?

KRÉOUSA.

O regrets! ó douleurs! Noirs attentats des Dieux!

IÓN, *de même.*

Pourquoi ce morne ennui sur son visage auguste?

KRÉOUSA.

Se peut-il qu'un Dieu mente et qu'un Dieu soit injuste!

IÓN.

Devant la majesté du Temple et de l'Autel,
Femme, ne parle pas ainsi d'un Immortel.
Redoute qu'il t'entende et que la Pythonisse
D'un oracle terrible et soudain te punisse.

Puisse-t-elle plutôt, propice à tes douleurs,
Promettre à ton beau front l'éclat des jours meilleurs
Et répandre la paix dans ton âme irritée !
Ton nom ?

KRÉOUSA.

Kréousa, Reine, et du sang d'Érékhthée.

IÔN.

Et ta ville ?

KRÉOUSA.

Athèna, la cité de Pallas.

IÔN.

O Ville illustre ! Enfant d'un noble père !

KRÉOUSA.

Hélas !

Que me sert, Étranger, le sang dont je suis née ?
En ai-je moins subi la sombre destinée ?
Ni la pourpre, ni l'or, ainsi que tu le crois,
Des maux communs à tous ne préservent les Rois,
Et de plus rudes mers battent les hauts rivages.

IÔN.

Je le sais, non par moi, mais par la voix des sages.
Est-il donc vrai qu'un Dieu, maître des flots sans frein,
Dans Makra, d'un seul coup de son trident d'airain,
Sous la terre béante ait englouti ton père ?

KRÉOUSA.

Makra! Ne parle pas de cet impur repaire!

IÔN.

C'est un lieu vénérable et d'Apollôn aimé.

KRÉOUSA.

Dans cet antre fatal que ta bouche a nommé,
Un crime, une action lâche, odieuse, impie,
De celles que jamais le coupable n'expie,
Je l'atteste, Étranger, par ce jour qui nous luit,
Fut commise autrefois durant la noire nuit.

IÔN.

Et ce forfait ancien n'a point laissé de trace?

KRÉOUSA.

Non!

IÔN, *après un silence.*

Dis-moi ton époux? Est-il de bonne race?

KRÉOUSA.

Il se nomme Xouthos, il sort de Zeus tonnant,
Et sur la sainte Attique il règne maintenant,
Ayant conquis pour nous l'Ile aux vertes olives
Qu'un orageux détroit sépare de nos rives.
Il gravit la montagne, et nous venons tous deux
Consulter de Pythô l'oracle hasardeux.

IÔN.

Pour vos enfants sans doute, honneur de l'hyménée ?

KRÉOUSA.

Nous n'avons point d'enfants.

IÔN.

O femme infortunée !
Quoi ! Tu n'as point d'enfants ?

KRÉOUSA.

Apollôn le sait bien !
Mais toi, cher Étranger, quel pays est le tien ?
Que ta mère est heureuse, hélas !

IÔN.

Reine, j'ignore
Mon pays, mes parents.

KRÉOUSA.

O Dieux ! si jeune encore,
Tu n'as jamais connu ta mère ?

IÔN.

Non, jamais.
Dans les langes de lin où, dit-on, je dormais,
Ce temple m'a reçu comme un oiseau sans ailes,
Et le Dieu m'a nourri de ses mains immortelles.

KRÉOUSA.

Je sais une autre femme, hélas! qui pleure aussi
L'enfant qu'elle a perdu jadis. Je viens ici,
Dans Pythô, demander pour elle... J'ose à peine,
Par pudeur, révéler...

IÔN.

Parle! J'écoute, ô Reine!

KRÉOUSA.

Cette femme, outrageant Pallas et la vertu
Des vierges, eut un fils d'Apollôn.

IÔN.

Que dis-tu?
Une mortelle! un Dieu!

KRÉOUSA.

Certe, Apollôn lui-même!
Que pouvons-nous, hélas! contre un Dieu qui nous aime?
Dans l'antre de Makra cet enfant vit le jour
Et des bras maternels fut ravi sans retour.

IÔN.

Est-il mort?

KRÉOUSA.

Je ne sais s'il vit. O chère image!
Il te ressemblerait, il aurait le même âge.

IÔN.

Apollôn fut injuste, et je dis hautement
Qu'il est mal, homme ou Dieu, de trahir son serment.
Mais ne reprochons rien aux Daimones sublimes :
Ils ne consentent point qu'on révèle leurs crimes,
Et les biens qu'on poursuit contre leur volonté
Mêlent plus d'amertume à notre adversité.

KRÉOUSA, *à part.*

Si ma bouche se tait, qui tarira mes larmes?

A Iôn.

Mais, Étranger, j'entends le bruit strident des armes.
On approche. Voici Xouthos, mon noble époux.
Ne dis rien de ceci, car les Rois sont jaloux
Et confondent souvent, dans nos âmes blessées,
Les coupables secrets et les bonnes pensées.

SCÈNE V

IÔN, KRÉOUSA, le Chœur des Femmes,
XOUTHOS, le Chœur des Guerriers.

XOUTHOS.

Salut, Rocher célèbre, Antre mystérieux,
Oracle Pythien, cher aux hommes pieux !
Salut, ô Loxias, dans ta haute demeure !
Et toi, femme, salut ! Voici le jour et l'heure
Où nous retournerons heureux et triomphants,
Ou privés à jamais d'espérance et d'enfants.

A Iôn.

Jeune homme, mène-nous à ton Dieu redoutable.

IÔN.

Que Loxias t'exauce, Étranger vénérable !
Je ne puis t'obéir. Il ne m'est point permis
D'abandonner le seuil dont le soin m'est commis.
D'autres sont là, veillant auprès des saintes Flammes.
Mais entre seul : le Temple est interdit aux femmes.

XOUTHOS.

C'est bien. Prends un rameau de laurier verdoyant,
Reine, et demande au Dieu qu'il nous soit bienveillant.
Pour moi, j'entrerai seul. Puissent les Destinées
Accorder des enfants à nos vieilles années !
Vous, mes chers compagnons, guerriers de la Hellas,
Restez, et suppliez Artémis et Pallas.

Il entre dans le Temple.

SCÈNE VI

ION, KRÉOUSA, LE CHŒUR DES FEMMES,
LE CHŒUR DES GUERRIERS.

KRÉOUSA.

STROPHE.

Apollôn ! Apollôn ! Ne l'as-tu pas aimée,
Cette vierge, tremblante entre tes bras divins,
Qui, mère sans enfants et d'ennuis consumée,
    Gémit, en proie aux noirs chagrins ?

LE CHŒUR DES FEMMES.

Contemple, du milieu de la nue enflammée,
Cette vierge tremblante entre tes bras divins !

KRÉOUSA.

ANTISTROPHE.

Apollôn ! Apollôn ! O Lumière ! ô Prophète !
Rends-lui ce fils conçu dans un rêve enchanté,
Dont tes célestes yeux doraient la blonde tête,
    Reflet charmant de ta beauté !

LE CHŒUR DES FEMMES.

Écoute, ô bel Archer! Roi de l'azur, arrête!
Rends-lui ce fils conçu dans un rêve enchanté.

KRÉOUSA.

ÉPÔDE.

Ou du moins, si la Mort, dans la pâle Prairie,
A couché cet enfant sur les funèbres fleurs,
Parle, afin que sa mère, à cette Ombre chérie,
Élève une humble tombe, et la baigne de pleurs
    Sur le doux sol de la patrie!

LE CHŒUR DES FEMMES.

O cher enfant, perdu dès le berceau fleuri,
Reviens, et reconnais le sein qui t'a nourri!

LE CHŒUR DES GUERRIERS.

STROPHE.

Artémis, dont le vent du soir baise les tresses,
O tueuse de cerfs et de lions grondeurs,
    Reine des fières chasseresses!
Et toi, Vierge Pallas, gloire des profondeurs
    Où siègent les Dieux Ouranides!
Venez en aide au Roi sauveur des Érékhthides!

SCÈNE VII

ION, KRÉOUSA, LE CHŒUR DES FEMMES, LE CHŒUR DES GUERRIERS, XOUTHOS.

XOUTHOS.

O mon fils, mon cher fils! Loxias a parlé!
Viens dans mes bras, Enfant si longtemps appelé,
Que je baise tes mains et ton jeune visage!

IÔN.

Étranger, que dis-tu? Ta parole est peu sage.
La majesté du Temple a troublé tes esprits,
Et ton premier regard sans doute s'est mépris.
Prends garde de toucher ma tête consacrée,
Ou je te percerai d'une flèche assurée.

XOUTHOS.

Tu verserais le sang de ton père, Enfant!

KRÉOUSA, *à part.*

                                          Quoi!
Ce jeune homme est son fils? Que dit-il?

IÔN.

       Ton fils? Moi?
Qui te l'a révélé? Parle.

XOUTHOS.

      C'est la Voix sainte
Du Dieu qui t'a nourri dans cette auguste enceinte.
Elle m'a répondu : — Sors! Celui que tes yeux
Auront vu le premier sera ton fils. —

KRÉOUSA, *à part.*

        Grands Dieux!
A combien de douleurs m'avez-vous condamnée?
O mes larmes, pleurez le jour où je suis née!

IÔN.

Et ma mère? Sais-tu quelle est ma mère?

XOUTHOS.

         Non.
L'Oracle de Pythô ne m'a pas dit son nom.

IÔN.

Comment l'ignores-tu?

XOUTHOS.

      Je ne sais, mais j'atteste
L'irréprochable Voix de l'Oracle céleste.
Je suis ton père, Enfant.

IÔN.

Apollôn t'a déçu,
Si tu ne connais pas celle qui m'a conçu.
Es-tu ma mère, ô Reine, ô fille d'Érékhthée?

KRÉOUSA.

Non! de l'amour d'un fils je suis déshéritée :
Nous n'avons jamais eu d'enfants. Tu ne m'es rien.

XOUTHOS.

Par Apollôn, Pallas et Zeus Ouranien,
Guerriers, voici mon fils, l'héritier de ma gloire!

IÔN.

Qui suis-je, ô Loxias, et que me faut-il croire?

LE CHŒUR DES GUERRIERS.

STROPHE.

A l'ombre de ces bois et de ces murs sacrés,
    Toi qui fleurissais dans ta grâce,
Salut, ô beau jeune homme aux longs cheveux dorés!
    Reconnais ton père et ta race!

XOUTHOS.

Sur ton front que la vie en fleur parfume encor
Reçois cette couronne au triple cercle d'or.

IÔN.

Il est donc vrai ? Je suis ton fils ? Moi, sans patrie
Et sans nom ? O mon père !

KRÉOUSA, *à part.*

Et moi, je suis trahie !
Xouthos avait un fils et j'ai perdu le mien.
Triomphe, ô Dieu cruel ! Il ne me reste rien.
Femmes, emmenez-moi de ce lieu que j'abhorre,
Et que ce jour fatal soit ma dernière aurore !

Elle sort, suivie du chœur des femmes.

SCÈNE VIII

ION, XOUTHOS,
LE CHŒUR DES GUERRIERS.

XOUTHOS.

D'où viennent ce silence et ce front soucieux,
Et cette ombre, ô mon fils, qui passe dans tes yeux?
Regrettes-tu ce Temple où fleurit ta jeunesse?
Songe à ton père, au thrône, au peuple qui s'empresse
Au-devant de ton char dans la grande Athèna.
Jamais un plus beau jour aux cieux ne rayonna !
Es-tu donc malheureux de ma joie, ô chère âme ?

IÔN.

O mon père, je crains qu'on m'envie et me blâme
D'envahir brusquement ta demeure et tes biens.
La Reine Kréousa, fille d'aïeux anciens.
S'étonne, non sans droit, de ma prompte fortune.
Vois, mon aspect déjà la trouble et l'importune.
Elle n'a point de fils, et, dans son cœur jaloux,
Certe, elle haïrait l'enfant de son époux.
Tu sais que de douleurs, d'actions inhumaines,
De forfaits imprévus sont sortis de ces haines.

Tu ne les préviendrais qu'en me sacrifiant ;
Ou, moi-même, inquiet, furtif et défiant,
Plein de l'amer regret de l'enfance sereine,
Peut-être qu'à mon tour je haïrais la Reine.
Ah! laisse-moi plutôt jouir obscurément
Des humbles biens goûtés sans trouble et sans tourment.

XOUTHOS.

Mon fils, ne doute pas des bonnes Destinées.
Loin de flétrir la fleur de tes jeunes années,
La Reine, à qui les Dieux n'ont point donné d'enfants,
Te servira de mère. En vain tu t'en défends :
Tu céderas, mon fils, à ma plus chère envie
En siégeant sur mon thrône, au terme de ma vie.

IÔN.

Hélas! le noir essaim des soucis mécontents
Vole, dit-on, autour des thrônes éclatants,
Et l'imprécation de l'opprimé qui pleure
Épouvante les Rois dans leur riche demeure.
Mais ici, chacun m'aime et me sourit ; l'autel
Y mêle ses parfums à la fraîcheur du ciel ;
On n'y dédaigne point mon obscure naissance ;
Je vis dans la lumière et dors dans l'innocence.
Père, ces bois sacrés me pleureraient loin d'eux.
N'emmène point ton fils, permets-lui d'être heureux.

XOUTHOS.

Il te faut obéir au Dieu que tu révères !

Un astre inattendu luit sur ton horizon.
Après les jeux, mon fils, viennent les temps sévères,
Et le fruit d'or mûrit après la floraison.

LE CHŒUR DES GUERRIERS.

STROPHE.

Prince, le sceptre au poing, les tempes couronnées,
    Tu jugeras les têtes inclinées,
Ou, debout sur le char aux lourds moyeux d'airain,
Menant le tourbillon de la foule guerrière,
    Tu pousseras à travers la poussière
Le belliqueux quadrige impatient du frein.

IÔN.

Je n'ai jamais versé, fidèle aux saintes règles,
Que le sang des corbeaux voraces et des aigles,
Et l'épée et la lance et les coups furieux
Offenseraient ces mains que je tendais aux Dieux.

XOUTHOS.

Viens! Tu seras un jour, Enfant, ce que nous sommes.
Sous le casque et l'armure et le lourd bouclier,
Tu verseras aussi le noble sang des hommes,
Et sur ton jeune front croîtra le vert laurier.

IÔN.

Il germe ici plus beau, verdoyant dans l'aurore!
Aussi doux qu'une lyre il chante au vent sonore,
Et la Muse divine, avec ses belles mains,
Ne le pose jamais sur des fronts inhumains.

LE CHŒUR DES GUERRIERS.

ANTISTROPHE.

La Vierge aux ailes d'or, notre Pallas armée,
  Comme la cendre et comme la fumée,
Chassera devant toi les Barbares tremblants;
Et tu verras passer, dans la mâle tempête,
  Gorgô, le Monstre immortel, dont la tête
Fait se tordre et siffler des reptiles sanglants!

IÔN.

Oh! la myrrhe et l'encens vers les claires nuées,
Les roses parfumant les tresses dénouées,
Les songes, doux charmeurs de mon léger sommeil,
Et le chant des oiseaux dans le matin vermeil!

XOUTHOS.

Hâtons-nous, compagnons, fleur de la sainte Attique!
Portons dans Athèna la Parole Pythique;
Qu'elle emplisse la Ville et le ciel radieux!
Toi, reste, cher Enfant que me gardaient les Dieux!
En ce jour, le meilleur de ma vie éphémère,
Appelle tout ce peuple au festin solennel.

IÔN.

Loxias Apollôn et Temple paternel,
Soyez-moi bienveillants et rendez-moi ma mère!

DEUXIÈME PARTIE

Bois et Rochers de Pythô.

SCÈNE PREMIÈRE

KRÉOUSA, UN VIEILLARD.

KRÉOUSA.

O vieillard, serviteur de l'antique Maison
De mes pères, les Dieux ont troublé ma raison,
Et d'un âpre chagrin mon âme est tourmentée.
Viens, approche, entends-moi, sage ami d'Érékhthée ;
Conseille ma douleur et sache me venger !

LE VIEILLARD.

De quel outrage, enfant ? De qui ?

KRÉOUSA.
       De l'Étranger,
De Xouthos, d'Apollôn ! Tous m'ont trahie ! Écoute,

Vieillard. Mes longs ennuis, tu les connais sans doute.
Épouse sans enfants, Reine sans héritier,
Je craignais que la mort ne tarît tout entier
Le sang de mes aïeux dans mes stériles veines;
Mais les Dieux, devant qui mes larmes étaient vaines,
Me rendaient vénérable à mes peuples, et tous
M'honoraient à l'égal de mon royal Époux.
Maintenant, sache-le, ma honte est assurée;
Xouthos en a reçu la promesse sacrée;
Je n'ai plus d'espérance, et les Dieux ont rendu
Au père clandestin un fils longtemps perdu.

LE VIEILLARD.

Certes, dans Athèna la rumeur est venue
Qu'un beau jeune homme, né d'une mère inconnue,
Fut nourri par le Dieu de l'antre Pythien,
Qu'il est fils de Xouthos.

KRÉOUSA.

Vieillard, mais non le mien!

LE VIEILLARD.

Cette joie, ô ma fille, hélas! te fut ravie
De voir ainsi renaître et refleurir ta vie.
Nous savons tes douleurs : tu n'as pas eu d'enfant.

KRÉOUSA.

Je te le dis, la honte en vain me le défend...
O souvenir cruel d'une ivresse éphémère!
Par le crime d'un Dieu dès longtemps je suis mère!

LE VIEILLARD.

O fille d'Érékhthée, ô Reine, que dis-tu ?
Non ! Ton cœur a gardé l'infaillible vertu,
Et des mots insensés sont tombés de ta bouche.

KRÉOUSA.

Je n'ai dit que trop vrai, par le Hadès farouche,
Et par mes pleurs, hélas ! J'en atteste l'Archer
Céleste, et toi, cher fils, qu'il me vint arracher,
Quand je dormais auprès de ta grâce fleurie !
Peut-être, ô mon enfant, seul, sans nom, sans patrie,
Gémis-tu, vagabond, par la pluie et le vent,
Sur la terre Barbare ou sur le flot mouvant ;
Ou, pour toujours, le long des trois Fleuves funèbres,
Chère âme, habites-tu les muettes ténèbres,
Tandis qu'un plus heureux, qui n'est pas de mon sang,
Prend ton sceptre et jouit du jour éblouissant !

LE VIEILLARD.

Malheureuse ! Où ce fils a-t-il vu la lumière ?
Quel est ce Dieu fatal et sourd à ta prière ?
Parle, et, bien que cruel, ô Reine, pour tous deux,
Confie à mon amour ce secret douloureux.

KRÉOUSA.

STROPHE.

 De ses ceintures longtemps closes
 L'aube faisait pleuvoir ses roses

Au ciel étincelant et frais;
Le vent chantait sur la colline;
Les lys que la rosée incline
Parfumaient d'une odeur divine
L'air léger que je respirais.

ANTISTROPHE.

J'allais, foulant les herbes douces,
Éveillant l'oiseau dans les mousses
Avec mes rires ingénus;
J'entrelaçais en bandelette
L'hyacinthe et la violette;
Dans l'eau vive qui les reflète
Je baignais mes pieds blancs et nus.

ÉPÔDE.

Et tu survins alors, ô Roi des Piérides,
   Ceint du fatidique laurier!
Terrible et beau, pareil au chasseur meurtrier
   Qui poursuit les biches timides,
Apollôn! Apollôn! ô ravisseur impur!
Tu m'emportas mourante au fond de l'antre obscur,
   Suspendue à tes mains splendides!

LE VIEILLARD.

O douleur!

KRÉOUSA.

Et c'est là, dans ce funeste lieu,
Que j'enfantai ce fils né de l'amour d'un Dieu,

Ce fils qu'on m'a ravi, quand il naissait à peine,
Et déjà revêtu de beauté surhumaine !
Hélas ! Il souriait, confiant et joyeux ;
La splendeur paternelle éclatait dans ses yeux,
Et j'oubliais ma honte en baisant son visage !
Mais, une sombre nuit, dans la grotte sauvage,
Il me fut enlevé par les bêtes des bois,
Sans doute ! Et je l'ai vu pour la dernière fois !

LE VIEILLARD.

O malheureuse enfant d'Érékhthée, ô Maîtresse,
Que ne puis-je apaiser ta profonde détresse !
Mais il te faut subir un mal immérité :
Ce que veulent les Dieux ne peut être évité.

KRÉOUSA.

Quoi, vieillard ! je verrais, d'une âme lâche et vile,
Cet Étranger, siégeant, sceptre en main, dans ma Ville,
Insulter à mon fils qui n'a point de tombeau
Et mêler à ma race antique un sang nouveau !
Non ! C'est à toi, plutôt, de seconder ma haine.
Non ! Que l'Étranger meure, ou je ne suis plus Reine,
Ou, livrant ta vieillesse ingrate aux longs remords,
Je rejoins mes aïeux et mon fils chez les morts !

LE VIEILLARD.

Par l'Immortel et l'homme à la fois outragée,
Reine, rassure-toi, car tu seras vengée.
L'âge a courbé ma tête et rompu ma vigueur,

Mais la neige des ans n'a point glacé mon cœur.
J'irai dans cette tente où le festin s'apprête,
Et là, d'une main sûre, et dévouant ma tête,
Parmi les coupes d'or, les danses et les chants,
J'abattrai sur son front la hache aux deux tranchants.

KRÉOUSA.

Ta main pourrait trembler. Non, point de violence,
Vieillard! Usons plutôt de ruse et de silence.

LE VIEILLARD.

Femme, ton cœur faiblit!

KRÉOUSA.

        J'ai de plus sûrs moyens.
Écoute donc. Tu sais, par les récits anciens,
Que la grande Pallas, dans le temps de mes pères,
Tua Gorgô, le Monstre aux cheveux de vipères?

LE VIEILLARD.

Certes.

KRÉOUSA.

    Vois cet anneau que Pallas a donné
A mon illustre aïeul. Le sang empoisonné
Du Monstre est contenu dans cet or. Qu'il s'en mêle
Une goutte au vin pur dont la coupe étincelle,
Qu'elle effleure sa lèvre, et l'éclair, dans les cieux,
Est moins prompt que la mort qui fermera ses yeux!

LE VIEILLARD.

Voici l'heure fatale où commence la fête ;
Donne ! Ta volonté, ma fille, sera faite.

KRÉOUSA.

Je remets ma vengeance entre tes mains, vieillard.
N'hésite pas, agis sans peur et sans retard.
Une goutte de sang dans une coupe pleine !
Souviens-toi ! Mais que nul ne te soupçonne !

LE VIEILLARD.

          Reine,
A moins qu'il en appelle au Dieu qui l'éleva,
Ou tu seras vengée, ou j'aurai vécu.

KRÉOUSA.

       Va !

Le vieillard sort.

SCÈNE II

KRÉOUSA, seule.

Oui ! Le sang de Gorgô, comme une ardente flamme,
Va dessécher sa veine et lui dévorer l'âme.
Il tombera, tranché dans son fragile orgueil.
Aussi bien sa fortune insultait à mon deuil ;
Et de l'antique sol de mes aïeux, leur race,
Moi morte, eût disparu, sans laisser plus de trace
Qu'un peu de cendre au vent qui la disperse aux cieux.
Qu'il meure donc !

Un silence.

    Mon fils, qui descendait des Dieux,
Est bien mort ! La vengeance est, certes, légitime.
O mon enfant, reçois cette jeune victime,
Digne de toi sans doute, innocente qu'elle est ;
Et qu'un Dieu me foudroie ensuite, s'il lui plaît !

Un silence.

Pourtant, ce meurtre est lâche, et mon cœur en murmure.
Il mettra sur mon nom une longue souillure.

Cet Éphèbe, si beau dans sa jeunesse en fleur,
A-t-il causé ma honte et voulu ma douleur?
Et dès que je l'ai vu, sur les marches sacrées
Du temple, couronné de ses boucles dorées,
L'arc en main, souriant dans la lumière, et tel
Que m'apparut jadis l'éclatant Immortel,
Un invincible attrait ne m'a-t-il pas charmée?
Mon fils, j'ai cru revoir ta tête bien-aimée!
Oh! que n'est-il ce fils doux et cher à mes yeux!

 Un silence.

Qu'ai-je fait? Est-il vrai? Le sang prodigieux
Du Monstre va glacer sa jeune âme trahie!
Ce funeste vieillard m'a trop vite obéie.
Puisse un Dieu ralentir les rapides instants
Et m'épargner ce noir forfait, s'il en est temps!
Apollôn! Apollôn! Je ne veux pas qu'il meure!

SCÈNE III

KRÉOUSA, LE CHŒUR DES FEMMES.

PREMIÈRE FEMME.

Maîtresse, déjà l'ombre est plus haute. Elle effleure
Les sommets qu'un dernier rayon d'or éblouit.

DEUXIÈME FEMME.

Les astres vont briller dans la divine nuit,
Et des souffles glacés tombent du lourd feuillage.
Viens !

Le spectre éclatant d'Apollôn passe dans le fond de la scène et disparaît aussitôt.

KRÉOUSA.

Apollôn ! c'est toi ! c'est ta céleste image !

TROISIÈME FEMME.

Où s'égarent tes yeux ? Vers qui tends-tu les bras ?

KRÉOUSA.

Cher Apollôn, pardonne ! Il ne périra pas !

Je cours, je briserai la coupe. Sur ta tête,
Vieillard, n'accomplis pas ce crime impie ! Arrête,
Enfant ! crains de toucher à l'horrible liqueur.
Venez, courons ! Mes yeux s'obscurcissent, mon cœur
S'éteint. Je vous salue, ô compagnes fidèles,
Et vais chercher mon fils dans les Champs d'Asphodèles !

Elle tombe dans les bras de ses femmes, qui l'emportent. Le fond de la scène s'ouvre et la tente du festin apparaît. Piliers peints de couleurs variées. Riches tapis de pourpre suspendus aux parois de la tente. Table en hémicycle chargée de mets, de kratères, de coupes d'or et d'argent.

SCÈNE IV

ION, Sacrificateurs, Juges Pythiques; Nymphes Oréades, *à courtes tuniques vertes, couronnées de fleurs sauvages;* Hommes, Femmes *et* Jeunes Filles de Pythô.

PREMIÈRE ORÉADE.

STROPHE.

La fleur de l'aubépine aux fronts,
Cher jeune homme, nous accourons
Du sommet des monts solitaires,
Du fond des bois pleins de mystères
Où bondissent nos pieds errants,
Du bord des lacs et des torrents
Où boivent les grands cerfs nocturnes
Qui brament aux cieux taciturnes.

DEUXIÈME ORÉADE.

ANTISTROPHE.

O bel Archer, tes légers traits,
Sous le feuillage des forêts

Qui frémit, que le matin dore,
Ne suivront plus dans l'air sonore
Le vol des sauvages ramiers ;
Et jamais plus, dans les halliers
Que parfume l'odeur des sèves,
Nous ne charmerons tes doux rêves !

TROISIÈME ORÉADE.

ÉPÔDE.

Puisque tu vas quitter le saint Temple et les bois
Et la Source qui flue aux Roches Pythiades,
Salut ! et que le chœur dansant des Oréades
Réjouisse tes yeux une dernière fois !

Danses.

SCÈNE V

Les Mêmes, LE VIEILLARD. *Il entre,*
une coupe à la main.

PREMIER SACRIFICATEUR. *Il offre une couronne*
de lierre à Iôn.

Nourri par Loxias dans la Maison divine
Où toi-même ignorais ta céleste origine,
Il sied qu'entrelaçant ce lierre à tes cheveux,
Tu mêles à nos voix ta louange et tes vœux.
Lève ton front pensif et parle, ô cher jeune homme !
Ce Dieu t'aime, il convient que ta bouche le nomme,

IÔN.

Tout mon cœur est empli d'un noir pressentiment.
Je ne sais, mais quelqu'un me hait assurément !
Daimôn, qui protégeas ma vie et mon enfance,
Pardonne, ô Loxias, le trouble qui t'offense !
Et vous, amis, mêlez, pour Zeus et pour Phoibos,
Le miel Attique au vin parfumé de Naxos,
Et versez à pleins bords leur écume pourprée.

LE VIEILLARD.

O cher Prince, voici la coupe préparée.
Reçois-la de ma main au nom de tes aïeux.
Ma chevelure est blanche, Enfant, je suis bien vieux,
Mais je mourrai content, si tu daignes permettre
Que je serve le fils du Roi Xouthos, mon maître.

IÔN.

Donne. Il m'est doux, vieillard, d'honorer tes longs jours.
Que Pallas bienveillante en prolonge le cours !

Il prend la coupe.

STROPHE.

Paian ! Gloire à toi qui fécondes
Les fleurs et les moissons, les bois, les mers profondes
D'où jaillit ton char immortel !
Dompteur du vieux Pythôn dans son antique abîme,
Viens ! Descends sur l'auguste cime
Où l'encens parfume l'autel.
Et maintenant, salut, Pythô, rochers et terre !
O Temple, mon berceau ! Noirs feuillages des bois,
Vous dont Kastalia rafraîchit l'ombre austère,
Recevez une part de la coupe où je bois.

Il répand quelques gouttes de vin. Les colombes du Temple volent çà et là sur la scène et se posent autour de lui.

ANTISTROPHE.

Doux oiseaux, colombes fidèles,
Qui veniez, au matin, de vos battements d'ailes

Effleurer mon front endormi,
Salut ! N'espérez pas qu'un temps si cher renaisse.
O compagnes de ma jeunesse,
Vous ne verrez plus votre ami.

Une des colombes boit le vin répandu et tombe morte.

Dieux ! Voyez celle-ci, l'aile ouverte ! Qu'a-t-elle ?
Répondez ! Elle a bu cette liqueur mortelle
Et ne respire plus !

Il laisse tomber la coupe. Tous se lèvent en tumulte.

PREMIER SACRIFICATEUR.

O terreur ! Trahison
Détestable ! La coupe est pleine de poison !

IÔN.

Qui de vous a voulu me vouer à la tombe ?
Qui m'a versé ce vin dont meurt cette colombe ?
N'est-ce point toi, vieillard ?

DEUXIÈME SACRIFICATEUR.

Malheureux, réponds !

TROISIÈME SACRIFICATEUR.

Oui !
Oui ! Nous l'avons tous vu. Saisissez-le, c'est lui

LE VIEILLARD.

Il est vrai.

IÔN.

Savais-tu la coupe empoisonnée ?
Était-ce bien à moi qu'elle était destinée ?

LE VIEILLARD.

Jeune homme, tu l'as dit.

IÔN.

Pourquoi ? Que t'ai-je fait ?
Mais quelque autre, sans doute, a, pour ce vil forfait,
Armé tes vieilles mains lâchement homicides ?

LE VIEILLARD.

Non ! J'ai voulu venger les vaillants Érékhthides
Sur le fils du tyran Xouthos. Aucun n'a su
Ma haine et mon dessein. Moi seul ai tout conçu.
Un Dieu t'a préservé de la mort. Soit ! Je livre
Au fer le peu de jours qui me restaient à vivre.
Prenez-les, frappez-moi de vos bras résolus,
Hâtez-vous. J'ai tout dit et ne répondrai plus.

PREMIER JUGE.

Divin fils de Xouthos et Citoyens Pythiques,
Qu'il soit donc fait selon les Coutumes antiques.

Au vieillard.

Esclave ! ton aveu dicte ton châtiment.
Les pieds, les poings liés, tu mourras lentement
Sur la cime déserte et des aigles hantée

Qui hacheront du bec ta chair ensanglantée.
L'ardeur du jour, le froid des nuits, la soif, la faim,
D'heure en heure, longtemps, prolongeront ta fin ;
Puis, l'éternel Hadès engloutira ton âme,
Et les Dieux livreront au vent ta cendre infâme !

IÔN.

O Loxias ! rends-moi la paix de tes autels !
Garantis-moi du thrône et des honneurs mortels !
Rouvre tes bras divins, et que je vive et meure
Sans haine et sans regret dans ta sainte demeure !

Il sort.

SCÈNE VI

Les Mêmes, *moins* ION.

UN CITOYEN DE PYTHÔ.

A mort ! Que cela soit ! L'arrêt est mérité.

DEUXIÈME CITOYEN.

Aux oiseaux carnassiers le misérable esclave !

TROISIÈME CITOYEN.

Allons ! Malheur à lui ! Qu'il expie et qu'il lave
De son sang le forfait qu'il avait médité !

PREMIER JUGE.

STROPHE.

La plus auguste des Déesses,
O Némésis ! ton œil divin
Plonge dans les âmes traîtresses !
Le crime se dérobe en vain
A tes atteintes vengeresses.

Par l'ombre épaisse de la nuit,
Ton souffle ardent qui le poursuit
Flaire ses traces exécrables ;
Son cœur épouvanté l'entend :
Il court et tombe haletant
Entre tes mains inévitables !

LE VIEILLARD.

Je descends au Hadès sans peur et sans remord.
Je suis prêt, j'ai vécu. Que m'importe la mort ?
Ne tardez pas.

PREMIER JUGE.

Liez ses bras, et qu'on l'entraîne !

SCÈNE VII

Les Mêmes, KRÉOUSA, le Chœur des
femmes.

KRÉOUSA.

Arrêtez ! Ce vieillard est à moi.

PREMIER JUGE.

       Noble Reine,
Cet homme est châtié pour un crime odieux.
Respecte la Justice et t'en remets aux Dieux.

KRÉOUSA.

Quoi ! le fils de Xouthos est donc mort, qu'on le venge ?

PREMIER JUGE.

Femme, as-tu mesuré cette parole étrange ?
Elle fait naître en nous un funeste soupçon.
Savais-tu donc qu'il dût mourir par le poison ?

KRÉOUSA.

Qu'importe ! Réponds-moi. Le doute me dévore.
Dis-moi s'il est vivant.

PREMIER JUGE.

Certe, il respire encore.
Loxias l'a gardé de son vil assassin,
Et l'horrible liqueur n'a point brûlé son sein ;
Mais Némésis commande et veut une victime.

KRÉOUSA.

Je te rends grâce, ô Dieu, qui m'épargnes un crime !
Laissez là ce vieillard, il n'a fait qu'obéir,
Et, si je n'étais Reine, il m'en faudrait punir.
C'est moi, moi seule, hélas ! qui, dans ma noire envie,
De l'Éphèbe innocent voulais trancher la vie !
Mais puisque Loxias nous a sauvés tous deux,
Moi de ce crime et lui d'un destin malheureux,
Puisqu'il respire encor, c'est bien !

PREMIER JUGE.

Femme ! nous sommes
Établis par les Dieux sur les Rois et les hommes.
Viens ! L'Érinnys qui suit les meurtriers sanglants
Se rit des sceptres d'or et des fronts insolents ;
Et, les déracinant de leur orgueil superbe,
Elle les foule aux pieds comme la fange et l'herbe.
Coupable, tu seras frappée ; et tu mourras.

KRÉOUSA.

Mourir ! Et de vos mains ? Vous ne l'oseriez pas !
Le peuple d'Athèna, par la lance et l'épée,

Renverserait Pythô d'un sang royal trempée,
Et rien ne survivrait du Temple ni de vous,
Insensés! Laissez là cet homme. Arrière, tous!

PREMIER JUGE.

Suis-nous au Sanctuaire où siège la Justice.

KRÉOUSA.

N'approche pas! Je suis Reine!

PREMIER JUGE.

      Qu'on la saisisse!

KRÉOUSA.

Loxias! Loxias Apollôn! Défends-moi!

PREMIER JUGE.

Viens, femme. Loxias prononcera sur toi,
Et nous obéirons, qu'il pardonne ou châtie,
A l'infaillible arrêt de l'auguste Pythie.

TROISIÈME PARTIE

Intérieur du Temple de Pythô. Hautes murailles en hémicycle. Au fond, le Sanctuaire de Loxias. A la droite de la statue du Dieu, sur un bloc cubique de marbre blanc, le Trépied d'airain de la Pythonisse.

SCÈNE PREMIÈRE

KRÉOUSA, LE CHŒUR DES FEMMES.

KRÉOUSA.

Père! qu'un Dieu terrible engloutit autrefois
Dans la terre béante et noire, tu le vois,
Ta fille misérable est vouée au supplice!
O Père, se peut-il qu'un tel sort s'accomplisse?
Quoi! Je suis de ton sang illustre, et vais mourir,
Et le fer d'un esclave osera me flétrir,
Sans que l'Époux royal et la patrie Attique
Me puissent préserver de la haine Pythique!
Je dors sans doute et rêve. Est-il bien vrai? Mes yeux,
Femmes, sont-ils ouverts à la clarté des cieux?

Touchez mes belles mains, parlez ! Si je sommeille,
Vos chères voix seront douces à mon oreille.
Éveillez-moi ! L'horreur du songe où je gémis
Fuira si je repose entre vos bras amis.
Mais non, non ! ce n'est point un vain songe ; ma honte
Est certaine. Le flot inévitable monte ;
Rien ne peut m'arracher à cet embrassement
Mortel ! Je vais mourir ! O Daimôn inclément,
Qui me vois, malheureuse, à tes pieds abattue,
Toi qui m'aimas jadis, c'est ta main qui me tue !
Loxias Apollôn, Dieu cruel, Roi du Jour,
J'ai vécu de ta haine et meurs de ton amour !

PREMIÈRE FEMME.

PREMIÈRE STROPHE.

Dernière Fleur des Érékhthides,
O Reine, enfant des Rois anciens,
Que n'ai-je les ailes rapides
Des grands aigles Ouraniens !
Je t'emporterais par les nues
Jusques aux rives inconnues
Où l'homme et les Dieux sont meilleurs,
Où le temps qui charme les peines
Te verserait à coupes pleines
Le doux oubli de tes douleurs.

KRÉOUSA.

Je ne l'ai point revu ! Parmi ces fronts sévères
Le sien ne brillait point sous ses boucles légères.

Sait-il mon repentir plus prompt que ma fureur?
Ah! sans doute, il ne songe à moi qu'avec horreur!

DEUXIÈME FEMME.

PREMIÈRE ANTISTROPHE.

Le souffle amer des Destinées
Disperse à l'horizon lointain
Nos jours heureux, feuilles fanées
Qui n'ont verdi qu'un seul matin.
Tout fuit, beauté, force, jeunesse!
Rien qui nous reste, ou qui renaisse!
Et, pareils aux flots écumeux
Heurtés contre le dur rivage,
Les tristes mortels, d'âge en âge,
Gémissent et passent comme eux!

KRÉOUSA.

Oui! j'ai voulu le mal, j'ai médité le crime,
Et, s'ils m'osent frapper, le coup est légitime;
Mais qu'importe l'Hadès rempli d'ombre et d'effroi?
L'opprobre plus cruel que la mort est sur moi!

TROISIÈME FEMME.

ÉPÔDE.

L'expiation sainte, ainsi qu'une onde vive,
    Purifiera tes chères mains;
Elle ne permet pas que l'oprobe survive
    Aux vaines erreurs des humains.

Ne désespère point, hausse la tête et l'âme,
Souviens-toi du sang des aïeux ;
Et, s'il te faut mourir, meurs noblement, ô femme,
En face de l'homme et des Dieux !

KRÉOUSA.

DEUXIÈME STROPHE.

O Désir de ma vie amère,
Longtemps pleuré, si tôt flétri,
Tu n'auras point connu ta mère,
Ses yeux ne t'auront point souri !
Dans la Prairie aux fleurs funèbres,
Où les Morts hantent les ténèbres,
Si je t'apparaissais demain,
Tu fuirais mon Ombre étrangère,
Pareil à la vapeur légère
Que ne peut retenir la main !

DEUXIÈME ANTISTROPHE

Salut, ô beau ciel, ô lumière,
O collines de la Hellas !
Et toi qu'abrita la première
Le Bouclier d'or de Pallas,
Qui resplendis parmi les hommes
Du nom sacré dont tu te nommes.
Athèna, salut ! Je t'aimais,
Berceaux des aïeux, Ville sainte !
Que les vents te portent ma plainte !
Je t'ai quittée, et pour jamais.

PREMIÈRE FEMME.

ÉPÔDE.

Reine, il n'est plus pour toi qu'un refuge suprême :
Entoure de tes bras l'inviolable Autel.
Que ce Dieu qui te hait te défende lui-même
    Et te sauve du coup mortel !

Kréousa se réfugie auprès de l'Autel, qu'elle embrasse. Entrent Iôn et les Sacrificateurs.

SCÈNE II

LES MÊMES, ION,
LES SACRIFICATEURS.

ION, *une épée nue à la main.*

Femmes, retirez-vous du Sanctuaire. L'heure
Est venue. Allez! Toi, malheureuse, demeure :
Il faut mourir. Les Dieux, ô devoir inhumain!
Ordonnent que ton sang soit versé de ma main.
Soumets-toi, car l'arrêt terrible est juste.

KRÉOUSA.

                                 Arrête!
La sainteté du Temple environne ma tête;
Loxias me défend contre toi, meurtrier!
Et l'Autel que j'embrasse est mon sûr bouclier.
N'approche pas. Va! Crains ton Dieu!

ION.

                                  Parole vaine!
J'obéis à ce Dieu qui te condamne, ô Reine.

C'est toi, toi dont l'audace invoque ici son nom,
En méditant ma mort qui l'as offensé.

KRÉOUSA.

Non !
Tu n'étais plus à lui, mais à Xouthos, ton père.

IÔN.

Loxias m'a nourri dans sa Maison prospère ;
Je suis son fils aussi.

KRÉOUSA.

Qu'importe ! Tu voulais
Te saisir du pays, du sceptre, du palais
Des aïeux, au mépris de leur race, en outrage
A leur sang.

IÔN.

Tous ces biens sont mon juste héritage ;
Xouthos les a sauvés et conquis. Il est Roi
D'Athèna par l'épée et Pallas.

KRÉOUSA.

Et par moi !

IÔN.

C'est trop tarder. Il faut que ton crime s'expie.
Quitte l'Autel !

KRÉOUSA.

Viens donc m'en arracher, impie !
Trouble la majesté terrible de ce lieu,

Ose souiller de sang l'image de ton Dieu !
Je ne quitterai point le sacré Sanctuaire.
J'embrasse tes genoux, ó Loxias !

  IÓN, *aux Sacrificateurs.*

      Que faire ?
Je n'ose l'approcher, puisqu'un Dieu la défend.
Les suppliants sont chers aux Daimones.

  PREMIER SACRIFICATEUR

       Enfant !
Les Juges de Pythô t'ont commis cette épée :
Cette femme est coupable et doit être frappée.

  DEUXIÈME SACRIFICATEUR.

Crains, si tu n'obéis, d'irriter l'Immortel.

  TROISIÈME SACRIFICATEUR.

Arrachons-la plutôt vivante de l'Autel ;
Traînons-la hors du Temple.

  IÓN.

   Allons !

  Ils vont à Kréousa.

KRÉOUSA, *avec un cri.*

    O Dieux.

La Pythonisse apparaît au fond, suivie de deux serviteurs du Temple qui déposent une grande corbeille devant l'Autel et sortent aussitôt.

SCÈNE III

Les Mêmes, LA PYTHONISSE.

LA PYTHONISSE.

Arrière !

Enfant, laisse l'épée, exauce sa prière,
Ne souille point le Temple et l'Autel respectés.
Vous, Sacrificateurs, et vous, femmes, sortez !

Les femmes et les Sacrificateurs s'inclinent et sortent.

SCÈNE IV

KRÉOUSA, ION, LA PYTHONISSE.

LA PYTHONISSE.

Quitte Pythô, mon fils, innocent, les mains pures
De toute violence et sous d'heureux augures.
Pardonne, oublie, et pars pour l'illustre Athêna.
Reçois cette corbeille où l'on t'abandonna,
Les yeux à peine ouverts au jour qui nous éclaire ;
Où, sur le seuil sacré du Temple tutélaire,
Je te trouvai, pleurant dans ton léger berceau,
Faible, charmant et nu comme un petit oiseau.

ION.

O Prophétesse !

LA PYTHONISSE.

Alors, te voyant sans défense,
Pour plaire à Loxias, j'élevai ton enfance.
Tu vécus, tu grandis auprès de ses autels.
Mais sa pensée auguste est cachée aux mortels ;

Je me tais. Cependant, ô mon cher fils, espère,
Et cherche avec amour celle qui fut ta mère.
Elle vit, elle pleure et tend vers toi ses bras.
Va, pars, et sois heureux : tu la retrouveras !

   IÔN. *Il laisse tomber l'épée.*

J'obéis avec joie à ta parole sainte,
Vénérable, qui m'as nourri dans cette enceinte,
Divinatrice, en qui parle l'esprit d'un Dieu !
Salut ! Je te salue et te révère !

   LA PYTHONISSE.

     Adieu !

    Elle disparaît.

SCÈNE V

ION, KRÉOUSA.

IÔN.

STROPHE.

Humble corbeille où j'ai connu la vie amère,
  Où j'ai versé mes premiers pleurs,
Ouvrage de ses mains, témoin de ses douleurs,
  Sais-tu le doux nom de ma mère ?
Je n'ose dénouer tes fragiles liens.
  Ce nom, tu l'as gardé peut-être ?
Je brûle de l'entendre, et tremble de connaître
  Le cher secret que tu contiens.

Il dénoue les bandelettes, ouvre la corbeille et en tire des langes d'enfant. Kréousa se lève à demi et le regarde.

KRÉOUSA, *à part.*

ANTISTROPHE.

Vous que j'avais filés de mes mains, ô doux langes
  Du bien-aimé que j'ai conçu,
Gorgô, de son image, ornait votre tissu,
  Et ses cheveux formaient vos franges.

IÔN.

Que dit-elle, grands Dieux !

KRÉOUSA.

Cher fils, je vois encor,
Autour de ton cou rose et frêle,
Luire, collier splendide et parure immortelle,
Deux serpents aux écailles d'or.

IÔN.

ÉPÔDE.

Les voici ! Ce sont eux. O surprise ! O pensées !

KRÉOUSA.

Puis, avec un baiser, je posais doucement
L'olivier de Pallas aux feuilles enlacées,
O mon fils, sur ton front charmant !

IÔN. *Il retire de la corbeille une couronne d'olivier.*

Dieux ! Tout mon cœur frémit d'espérance et de joie !

Ils s'élancent l'un vers l'autre.

Ma mère !

KRÉOUSA.

Mon enfant ! Oh ! viens, que je te voie,
Que je te serre enfin contre mon cœur charmé !

Et je voulais ta mort, ô mon fils bien-aimé!
Malheureuse!

IÔN.

O ma mère, est-ce toi que je presse
Dans mes bras? Parle, dis!

KRÉOUSA.

Oui! Par mes pleurs d'ivresse,
Par les Dieux, par l'Aithèr vaste et resplendissant,
Après tant de longs jours j'ai retrouvé mon sang!
Tu vois ta mère, c'est ta mère qui t'embrasse!

IÔN.

Loxias! ô cher Dieu, salut! je te rends grâce,
O Protecteur sacré de l'enfant orphelin!

KRÉOUSA.

Je ne languirai plus dans un morne déclin,
Stérile, et gémissant sous le toit solitaire.
La Race a refleuri des Enfants de la Terre,
Et, fier, parmi les morts, de son jeune héritier,
Érékhthée en mon fils revivra tout entier!

IÔN.

Ma mère!

KRÉOUSA.

Mon enfant! ô ma douce lumière,

Charme et vivant reflet de mon aube première,
Qui resplendis dans l'ombre où je me consumais,
Rien, rien ne pourra plus nous séparer jamais !

Ils restent embrassés. Le Chœur des femmes entre précipitamment.

SCÈNE VI

Les Mêmes, le Chœur des Femmes.

PREMIÈRE FEMME.

Maîtresse, entends ces bruits, ces clameurs confondues.
Le Roi Xouthos revient, et nous sommes perdues!
Malheur à nous, hélas!

KRÉOUSA.

     Glorifiez les Dieux!
Après les sombres temps voici les jours joyeux :
J'ai retrouvé mon fils!

DEUXIÈME FEMME.

     Que dis-tu, chère Reine?

KRÉOUSA.

Que mon Époux le sache et qu'Athèna l'apprenne!
Annoncez les transports de mon cœur triomphant.
Je l'atteste : Apollôn m'a rendu mon enfant!

TROISIÈME FEMME.

Lui! par qui tu devais mourir? O Destinée!

KRÉOUSA.

Nos yeux étaient couverts d'une épaisse nuée ;
Un Dieu l'a dissipée. Allez, femmes, courez !
Que Pythô retentisse au loin de chants sacrés,
Que le sang des taureaux ruisselle, et que la flamme
S'allume ! Je le dis à tous et le proclame :
Ce jeune homme est mon fils pleuré longtemps en vain
Et le seul héritier de son aïeul divin.
Allez !

IÔN.

Ah ! que Xouthos aussi se hâte et vienne !
Quelle félicité, père, sera la tienne !

Les femmes sortent.

SCÈNE VII

ION, KRÉOUSA.

KRÉOUSA.

Xouthos n'est rien pour toi, tu n'es pas né de lui.

IÔN.

Que dis-tu ?

KRÉOUSA.

  Le flambeau nuptial n'a pas lui
Sur l'union fatale à qui tu dois la vie.
Toi dont l'âme naissante, hélas! me fut ravie,
Sache enfin ce secret terrible et glorieux.
C'est un plus noble sang, oui! c'est le sang des Dieux
Qui coule dans ta veine, ô mon enfant que j'aime,
Et ton père immortel est Apollôn lui-même!

IÔN.

O ma mère! ô destin de gloire et de douleur!

KRÉOUSA.

Réjouis-toi, pour nous se lève un jour meilleur.

IÔN.

Que n'as-tu pas souffert! Que de larmes versées!

Une lumière rose emplit peu à peu le Sanctuaire.

KRÉOUSA.

Tu me consoleras des angoisses passées,
O mon fils, et le Dieu de qui tu tiens le jour
A payé tous mes maux s'il me rend ton amour.

IÔN.

STROPHE.

Vois, mère! Le Trépied fatidique se dore
    D'un étrange rayonnement;
Comme une large fleur où s'épanche l'aurore,
    Le Temple frémit doucement.

ANTISTROPHE.

L'ambroisienne odeur des lys et de la myrrhe
    Monte d'un invisible feu.
D'où vient cet air subtil et frais que je respire?
    Va-t-il nous apparaître un Dieu?

Les neuf Muses, vêtues de blanc, coiffées de mitres d'or et de couronnes de laurier, apparaissent, planant dans une nuée éclatante.

ÉPÔDE.

Qu'êtes-vous, ô formes sublimes?
Spectres ou Déesses, parlez!
Montez-vous des sombres abîmes?
Venez-vous des cieux étoilés?

Le feu divin de vos prunelles
Pénètre mon cœur transporté...
Que vous êtes grandes et belles !
Salut, pleines de majesté !

PREMIÈRE MUSE.

PREMIÈRE STROPHE.

Nous sommes les Vierges sacrées,
Délices du vaste univers,
Aux mitres d'or, aux lauriers verts,
Aux lèvres toujours inspirées.
L'homme éphémère et soucieux
Et l'Ouranide au fond des cieux
Sont illuminés de nos flammes,
Et, parfois, nous réjouissons
De nos immortelles chansons
Le noir Hadès où sont les âmes !

ION.

Je tremble, le respect fait ployer mes genoux...
Muses, filles de Zeus, qu'ordonnez-vous de nous ?

DEUXIÈME MUSE.

PREMIÈRE ANTISTROPHE.

A travers la nue infinie
Et la fuite sans fin des temps,
Le chœur des astres éclatants
Se soumet à notre harmonie.

Tout n'est qu'un écho de nos voix :
L'oiseau qui chante dans les bois,
La mer qui gémit et qui gronde,
Le long murmure des vivants
Et la foudre immense et les vents,
Car nous sommes l'âme du monde!

La lumière s'accroît. Le fond de la scène s'ouvre. Peuple de Pythô. Armée de Xouthos. A l'horizon, vision éclatante d'Athèna, telle qu'elle sera dans l'avenir : Acropole, Parthénon et statue géante de Pallas, la lance en main. Temples, Port, Trirèmes.

IÔN.

O Muses, ô ma mère, ô prodige! Le mur
Du Temple disparaît... Dans l'aurore et l'azur,
Emplissant l'horizon de sa splendeur soudaine,
Monte aux cieux élargis la Cité surhumaine,
Et la grande Pallas, le front ceint d'un éclair,
Dresse sa lance d'or sur les monts et la mer!

TROISIÈME MUSE.

DEUXIÈME STROPHE.

Enfant! tu vois la Fleur magnifique des âges,
Qui s'épanouira sur le monde enchanté,
La Ville des héros, des chanteurs et des sages,
Le Temple éblouissant de la sainte Beauté.

DEUXIÈME ANTISTROPHE.

Tu donneras ton nom à ces races nouvelles;
Et, dans un chant divin qui ne doit plus finir,
Apollonide Iôn! nos lèvres immortelles
Diront ta jeune gloire aux siècles à venir.

ÉPÔDE.

Salut, Rayon tombé de la Lumière antique,
Aïeul des Rois futurs, Éphèbe aimé des Dieux !
Poursuis, Enfant sacré, tes destins glorieux,
Et, délaissant ton nid, loin du Rocher Pythique,
Jeune Aigle, envole-toi vers de plus larges cieux !

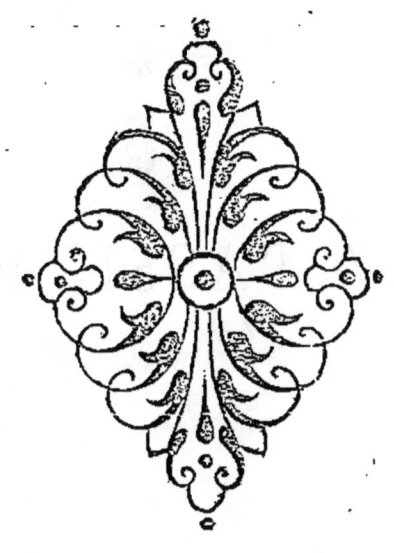

LA PASSION

La Passion *fut composée par Leconte de Lisle, à la demande d'un peintre de ses amis, pour accompagner les quatorze tableaux d'un chemin de croix. Le Poète adopta les divisions consacrées, et soumit son œuvre impersonnelle aux exigences religieuses.*

Ce poème parut pour la première fois dans l'édition des Poésies complètes de Leconte de Lisle, *un volume in-12, Paris, Poulet-Malassis et de Broise, 1858. Pour diverses raisons qu'il ne nous appartient pas d'apprécier, l'illustre Poète avait retranché la Passion des éditions postérieures données par Alphonse Lemerre.*

Quoiqu'il en soit, ce poème qui ne fut jamais formellement désavoué par son auteur, fait partie de l'œuvre de Leconte de Lisle. Il n'était pas oublié, bien qu'il ne fût plus connu que de quelques-uns. Les éditeurs ont cru devoir céder à de pressantes et légitimes sollicitations en le joignant au présent volume.

LA PASSION

POÈME

A ma Mère.

GETHSÉMANI

Jésus au Jardin des Oliviers.

La nuit envahissait le Temple jusqu'au faîte.
Par delà le torrent où but le Roi-Prophète,
Sur la montagne, aux flancs de ronce et de graviers,
Les Onze étaient couchés sous les noirs oliviers.
Et tandis qu'ils dormaient, chargés de lassitude,
Un sanglot surhumain troubla la solitude;
Et nul ne l'entendit parmi ceux qui vivaient;
Et des larmes de sang sur la terre pleuvaient,
Comme aux jours disparus des prodiges antiques

Où s'agitaient des morts les muettes reliques.
Et l'homme, sans mourir, n'aurait point écouté
Ce cri de désespoir dans l'espace emporté,
Car c'était un sanglot de l'angoisse infinie,
C'était Dieu qui suait sa sueur d'agonie !

Vous l'entendîtes seuls, Anges des cieux venus !
Vos yeux, brûlants de pleurs jusqu'alors inconnus,
Pour consoler au moins sa détresse sublime,
Versaient leur pitié sainte à la grande Victime ;
Et toi, Gethsémani, qui dois fleurir un jour,
Aux soupirs de ton Dieu tu tressaillais d'amour !

Enveloppé d'un pan de sa robe grossière,
Il s'agite et frémit, le front dans la poussière.
Ses longs cheveux épars, où palpitent encor
Quelques mornes reflets de l'auréole d'or,
Traînent confusément, pleins de fange et de sable.
Il sent gémir en lui la race périssable :
Tous les siècles éteints renaissent sous ses yeux ;
Et, criant à travers le silence des cieux,
Les flots du sang versé, tels qu'une mer d'écume,
Montent jusqu'à son cœur abreuvé d'amertume.
O Jardin du Cédron, lieu sinistre et sacré,
O refuge suprême où David a pleuré,
Tu vis le Juste, en proie à l'angoisse profonde,
Racheter par l'amour les souillures du monde,
Et, tout chargé des maux et des remords humains,
Élever dans la nuit ses suppliantes mains :

— Écarte loin de moi ce calice terrible,
Toi qui donnas la vie au néant insensible,
Et qui peux, sans blesser l'immuable équité,
Faire rentrer ton œuvre en ton éternité !
Mais que ta volonté soit faite et non la mienne.
Et vous, les premiers-nés de la famille humaine,
Et vous que Dieu réserve aux jours de l'avenir,
Soyez bénis, ô vous pour qui je vais mourir ! —

Et comme il exhalait ses plaintes immortelles,
Les saints Anges, muets, se voilaient de leurs ailes ;
Au travers des rameaux agités pesamment,
Le vent des nuits passa comme un gémissement ;
Et l'on vit, déjà loin des murs noirs de la ville,
Luire et ramper dans l'ombre, au pied du mont stérile,
Comme un éclair livide au bord de l'horizon,
La torche de la haine et de la trahison !

PREMIÈRE STATION

Jésus est condamné.

La terre a salué le Jour expiatoire,
Et le peuple en rumeur gronde autour du prétoire,
Et le Juge contemple avec un sombre ennui
Le Rédempteur debout et muet devant lui.
Comme un bandeau royal, le noir réseau d'épines
S'enfonce amèrement dans ses tempes divines;
Les immondes liens, le fouet aux nœuds de fer,
De leur empreinte affreuse ont sillonné sa chair;
La pourpre le revêt, et de sa face pâle
Quelques gouttes de sang tombent par intervalle.
Mais son regard est calme; il entend sans terreur
Rugir et s'enivrer de sa propre fureur
Ce peuple qu'il aima d'une amour infinie,
Et qui lui rend la mort avec l'ignominie!

Oh! quand hier encore, innombrable et joyeux,
Tu le suivais au bord des lacs mystérieux,
Et que, te nourrissant du miel des paraboles,

Tu gardais dans ton cœur ses divines paroles,
Songeais-tu que ce cœur, dans la haine affermi,
S'éloignerait si tôt de ton céleste ami !
O foule ingrate et vile, ô race sans mémoire,
Les démons de l'Enfer à peine l'ont pu croire,
Quand, le voyant couvert d'opprobre et châtié,
Furieuse, tu dis : — Qu'il soit crucifié !
Mort au Nazaréen ! Que par delà la tombe
Sur nous et nos enfants son sang maudit retombe ! —
Et ton souhait farouche, emporté par le vent,
S'élança pour jamais aux pieds du Dieu vivant !

Devant ce Dieu, par qui ton arrêt se décide,
Ta parole fut vraie, ô peuple déicide !
Marqué comme Caïn d'un stigmate éternel,
Comme le sable en proie aux tempêtes du ciel,
Dans l'espace et le temps, de rivage en rivage,
Tu fuiras, entraîné par un torrent d'orage ;
Et sur tous tes chemins, dans tes nuits et tes jours,
Ce sang que tu maudis t'inondera toujours !
Tu le verras pleuvoir sans trêve et sans mesure,
Comme un jaillissement d'une large blessure ;
Comme un râle arraché par le fer meurtrier,
Des bouts de l'univers tu l'entendras crier ;
Le sol s'indignera de conserver ta trace,
Et l'homme avec horreur détournera sa face !

Et toi, qui, te lavant les mains, crus à jamais
T'être purifié du sang que tu livrais,

Va! tu te plongerais, ivre de ta démence,
Dans la flamme infernale ou dans la mer immense,
Que désormais, Romain! les siècles qui naîtront
Se souviendront d'un lâche et te connaîtront!
Et quand, cherchant l'oubli comme un dernier refuge,
Tu verras resplendir la droite de ton Juge;
Quand ton iniquité, te pénétrant d'effroi,
Se dressera, vivante et morne, devant toi;
Puisque, au supplice infâme abandonnant le Juste,
Tu souillas sans remords la conscience auguste,
Rien, rien n'aura lavé, ni l'onde ni le feu,
Tes misérables mains rouges du sang d'un Dieu!

DEUXIÈME STATION

Jésus est chargé de sa Croix.

Aux jours libérateurs où l'Ange, ceint du glaive,
Frappait l'Assyrien dans l'orgueil de son rêve,
Et prodiguait la chair des guerriers aux vautours,
Jérusalem montait au sommet de ses tours ;
Et voyant, par milliers, cette armée inhumaine,
Semblable aux épis mûrs, joncher au loin la plaine,
Et dans un tourbillon les chevaux effarés,
Hennissants, entraîner les chars désemparés ;
La cité de David, joyeuse et hors des tentes,
Triomphait et poussait des clameurs éclatantes !

L'Ange exterminateur a-t-il, comme autrefois,
D'un vertige de mort saisi le cœur des rois,
Et, pour glorifier la race bien-aimée,
Éteint dans une nuit la rumeur d'une armée ?
Non ! si Jérusalem exhale un cri joyeux,
C'est que le Fils de l'homme agonise à ses yeux ;
C'est que, multipliant l'outrage et l'anathème,

Elle peut désormais le frapper elle-même,
Et, l'entraînant ainsi de douleurs en douleurs,
Le clouer au gibet entre les deux voleurs!

O Christ! tu vas enfin épuiser ton calice!
Et ployé, chancelant sous l'arbre du supplice,
Par l'ardeur du soleil et les sentiers pierreux,
Tu vas suivre, pieds nus, ton chemin douloureux!
Qu'il sera long, Seigneur, et qu'il sera terrible
Ce chemin qui conduit à ta mort impossible!
O Rédempteur, pour qui les siècles sont un jour,
Ce jour va contenir des siècles à son tour!
Que d'angoisses encor t'attendent au passage!
Oh! que de pleurs amers vont brûler ton visage!
Abandonné du monde et du ciel, ô Seigneur,
Combien tu vas saigner dans ta chair et ton cœur;
Combien, toujours percé d'une atteinte plus sûre,
Chaque pas va rouvrir et creuser ta blessure!

Mais, ô Verbe infini, ce mal immérité,
Tu l'as voulu subir de toute éternité!
En déroulant des cieux les tentures sublimes,
En versant l'Océan dans ses larges abîmes,
Immuable, absolu, d'éclairs environné,
Tu rachetais dès lors le monde nouveau-né!
L'homme à peine échappait à la main créatrice,
Que ton amour pour lui s'offrit en sacrifice :
Tu pardonnais déjà quand tu pouvais punir;
Et, lavant de ton sang ses forfaits à venir,

Pour le guider parmi les ombres de la terre,
Tu fis briller ta Croix dans sa nuit solitaire !

Vers la gloire éternelle où tu seras demain,
Suis donc, ô Rédempteur, ton sublime chemin !
Et, d'instants en instants, sous le ciel implacable,
Si ton corps abattu cède au poids qui l'accable,
Divin Martyr, en qui pleure l'humanité,
Ta seule patience égale ta bonté,
Et le torrent d'amour qui jaillit de ton âme
T'emportera vivant sur la colline infâme !

TROISIÈME STATION

Jésus tombe sous le poids de la Croix.

O vous qui, voyageant d'un vol mystérieux
De l'homme au Créateur et de la terre aux cieux,
Allumez les soleils et chantez dans l'espace,
Esprits d'amour, Esprits de sagesse et de grâce,
Du cœur de Jéhovah rayons puissants et doux,
De vos sphères de flamme, Esprits, inclinez-vous!
Désormais, sans troubler l'impassible harmonie,
Chaque univers, bercé sur sa courbe infinie,
De l'ordre primitif ne s'écartera pas :
Un plus sacré devoir vous appelle ici-bas.
Frémissez de pitié, de respect, d'épouvante!
Lui, que vous adoriez! la Parole vivante,
Le Sauveur annoncé par d'infaillibles voix,
Succombe, haletant, pour la première fois!
Couronné de mépris, résigné sous l'injure,
Il s'avançait, portant la croix massive et dure,
Comme Isaac, jadis, aux cimes du rocher,
Le fer de l'holocauste et le bois du bûcher;

Et voici que le sang dans ses veines se fige ;
Sa tête tourbillonne et s'emplit de vertige ;
D'une sueur de mort les cheveux inondés,
Il défaille et chancelle ! Oh ! venez, descendez,
Anges consolateurs des misères mortelles,
Abritez votre Dieu de l'ombre de vos ailes,
Soulevez son front pâle, et sur ses pieds blessés,
Pleurez, divins amis, et les rafraîchissez !
Mais non ! restez aux cieux ! De sa douleur féconde,
Anges, vous le savez, sort le salut du monde,
Et nul de vous jamais ne pourrait épuiser
Ce sang dont l'univers se verra baptiser !

Bientôt, l'Église aussi, selon le rite antique,
Comme une veuve assise au foyer domestique,
Gémissant, et pleurant l'Époux mort dans ses bras,
Défaillira tremblante, à ses premiers combats.
Ses enfants éplorés, se pressant autour d'elle,
Partageront les maux de leur mère immortelle,
Qui tournera, le cœur plein d'un seul souvenir,
Ses regards incertains vers le sombre avenir ;
Et, sur le seuil désert croyant toujours entendre
Du Bien-Aimé la voix consolatrice et tendre,
Toujours désabusée, et le front dans la main,
Dira : Veillons encore ! Il reviendra demain.

Espérance sacrée ! Il reviendra sans doute !
Il se penche vers toi de l'éternelle voûte,
Il te voit, il te guide, et, comme il est écrit,

Te donne sans retour sa force et son esprit !
Comme la cendre au vent se disperse et s'envole,
Les siècles passeront, mais non point sa parole ;
Et contre sa Maison divine désormais
Les portes de l'Enfer ne prévaudront jamais.
Relève-toi ! reprends ton fardeau, noble veuve !
Sois prête à triompher d'une plus rude épreuve,
Marche, Église de Dieu ! Le monde est orphelin,
Prends-le comme un enfant dans ta robe de lin,
Et, par les durs sentiers où ton sang pur ruisselle,
Ramène sa famille à l'Époux qui t'appelle !

QUATRIÈME STATION

Jésus rencontre sa Mère.

Celle qui, dans l'amour purifiant son cœur,
Répandit le parfum sur les pieds du Sauveur,
Et qui les essuya de ses tresses pieuses;
Et Marthe et Salomé, tristes et soucieuses,
Pour retrouver le Maître absent et regretté
Accompagnaient Marie à travers la cité;
Et la Vierge, livrée à de vagues alarmes,
Cherchait son Fils divin en comprimant ses larmes.

Soudain, parmi les flots du peuple furieux,
Elle voit, accablé du faix injurieux,
Pâle et meurtri, menant ses propres funérailles,
Son Fils, ce fruit sacré qu'ont porté ses entrailles,
Le Rédempteur du monde! Elle hâte ses pas
Et tombe demi-morte en lui tendant les bras.

Et Lui, la contemplant ainsi, versa sur elle
Une larme d'adieu, déchirante et mortelle,

Une larme suprême où son cœur épuisé
Mit tout le désespoir de tant d'amour brisé ;
Et, soulevant sa croix avec son deuil immense,
Il reprit son chemin de douleur en silence ;
Et sa Mère gisait, froide, blanche, l'œil clos,
Les cheveux dénoués ; et, poussant des sanglots,
Celles qui la suivaient depuis la Galilée
Pressaient contre leur sein la Vierge immaculée.

Ah ! de sa tige d'or quand cette Fleur du ciel
Tomba pour embaumer les vallons d'Israël,
Que les vents étaient doux qui passaient dans les nues !
Tu vis naître, ô Saron, des roses inconnues !
Tes palmiers, ô Gadès, émus d'un souffle pur,
Bercèrent, rajeunis, leurs palmes dans l'azur !
Ton cèdre, ô vieux Liban, noir d'une ombre profonde,
Croyant qu'il revoyait les premiers jour du monde,
Salua le soleil qui brilla sur Éden !
Le parfum oublié de l'antique jardin,
Comme un cher souvenir et comme une promesse,
Des enfants de l'exil adoucit la tristesse,
Et de célestes voix, en chants harmonieux,
Diront ton nom, Marie, à l'univers joyeux :

— Terre ! oublie en un jour ton antique détresse !
O cieux ! comme les mers, palpitez d'allégresse !
La Vierge bienheureuse est née au sein de Dieu !
Elle vole, aux clartés de l'arc-en-ciel en feu,
La Colombe qui porte à l'arche du refuge

Le rameau d'olivier qui survit au déluge !
Le mystique Rosier va parfumer les airs !
L'Étoile matinale illumine les mers !
Saluez, bénissez, créatures sans nombre,
Celle que le Très-Haut doit couvrir de son ombre,
Et qui devra porter, vierge, en ses flancs bénis,
Le Dieu qui précéda les siècles infinis ! —

Et maintenant, ô cieux, obscurcissez vos flammes !
Pousse des cris, ô terre, où gémissent les âmes !
Race d'Adam, répands des larmes et frémis,
Puisque le Fils de l'homme à la mort est promis,
Et que la Vierge sainte, entrevue en tes rêves,
Va sentir dans son cœur la pointe des sept glaives.

CINQUIÈME STATION

Simon le Cyrénéen aide Jésus à porter sa Croix.

Vers l'aride montagne où son heure l'attend
Le divin Rédempteur s'avançait haletant.
L'arbre lourd de la croix rudement équarrie
Opprimait et blessait son épaule meurtrie ;
Ses pieds nus hésitaient entre les durs cailloux
Dont souvent l'angle aigu déchirait ses genoux.
Sans pitié, pour hâter sa démarche inégale,
Les soldats, le frappant de leur lance brutale,
Le heurtaient du poitrail des chevaux écumeux ;
Et le peuple plus lâche et plus féroce qu'eux,
Insultant sa détresse et souillant son visage,
Excitait contre Dieu leur colère sauvage !

Or, le voyant sans force et loin encor du but,
Ces insensés craignaient que le Sauveur mourût,
Et qu'il leur enlevât une part de leur joie !
Comme des chiens lancés et hurlant sur la voie,
Jaloux de prolonger le supplice trop prompt

Ou de multiplier la torture et l'affront,
Ils voulaient que du moins, avant l'heure suprême,
Jésus endurât plus que la mort elle-même !

A cette heure, Simon revenait de son champ,
Et du mont escarpé descendait le penchant.
Du côté de Damas, secouant sa poussière,
Il a franchi la porte aux deux piliers de pierre,
Il entre ; et les clameurs et les hennissements
L'environnent. Il voit, accablé de tourments,
Frappé, poussé, raillé, tout assiégé de haine,
Jésus qui, sous le faix mortel, ploie et se traîne,
Et sent naître en son cœur, tout surpris d'être ému,
Une vague pitié pour cet homme inconnu ;
Mais tandis qu'il hésite, au milieu du tumulte,
Un cavalier l'appelle avec des cris d'insulte :
On le contraint d'aider le divin condamné ;
Et le Cyrénéen obéit, étonné,
Et saisissant la Croix de sa main rude et forte,
Il en prend une part, la soulève et l'emporte.

Simon ! toi qui prêtais ton épaule et tes bras
Au Rédempteur du monde, et qui ne savais pas
A quelle tâche auguste, à quelle œuvre sublime
Tu vins mêler ta force inculte et magnanime,
Heureux es-tu, Simon, d'avoir jadis porté
Ce céleste fardeau qui te sera compté ;
Car nul ne peut toucher à la Croix éternelle
Sans que Grâce ou Vertu s'éveille et sorte d'elle !

Et tes mains l'ont portée! Heureux, heureux es-tu!
Mais si, venant en aide au Sauveur abattu,
Ton cœur, commes tes bras, devançant la contrainte,
Eût secouru ton Dieu librement et sans crainte,
O Simon de Cyrène, ô pauvre laboureur,
Plus heureux mille fois en face du Seigneur,
Car il eût mesuré ta gloire à ta puissance,
Et ta béatitude à sa reconnaissance!

SIXIÈME STATION

Une femme pieuse essuie le visage de Jésus.

Non loin de l'angle obscur ou gémissait Lazare
Devant le mauvais riche et son festin avare,
Debout au seuil étroit de son humble maison
Se tenait Bérénice au long voile, au doux nom ;
Ignorant qu'entraîné sur la route mortelle,
Le Sauveur, pour mourir, dût passer devant elle,
Et recueillir enfin, dans ce suprême jour,
Pour l'emporter aux cieux, l'obole de l'amour.
Mais quand elle le vit, chargé de flétrissures,
Rougissant son chemin de ses mille blessures,
Levant au ciel des yeux toujours calmes et doux,
Traînant l'arbre fatal sous l'injure et les coups,
Sans qu'une main amie allégeât son supplice,
Tout son cœur se brisa ! — Tu courus, Bérénice !
Tes faibles bras, roidis par ton saint dévouement,
Écartèrent les flots de ce peuple écumant ;
Parmi les cavaliers qu'irrite ton audace,
Ardente, irrésistible, enfin tu te fais place !

Comme une mère auprès d'un fils qui va mourir,
Et qui pleure, et l'embrasse et veut le secourir,
Aux pieds du Rédempteur tu tombes, hors d'haleine ;
Et, le baignant des pleurs dont ta poitrine est pleine,
Ne pouvant le ravir à son trépas divin,
Tu sèches son visage à ton voile de lin !

O femme, qui, parmi ce peuple ingrat et traître,
Osas seule essuyer le front du divin Maître,
Et qui, mieux que du fer dont se vêt le guerrier,
T'abritais de ton cœur comme d'un bouclier ;
Bérénice autrefois, mais au cieux Véronique !
Béni soit le transport de ton âme héroïque
Quand, montrant ce que peut la céleste pitié,
Des douleurs de ton Dieu tu prenais la moitié !
De ton voile aux longs plis, avec ta main tremblante
Tu venais d'étancher sa figure sanglante,
Et ses bras tout meurtris et ses pieds douloureux
En répandant des pleurs de tendresse sur eux ;
Dès lors, le Rédempteur, bénissant ton courage,
A ce voile pieux attacha son image ;
Car tu faisais sans peur pour ton Maître épuisé
Ce que nul, entre tous, n'avait encore osé ;
Car l'élan de ton cœur fit taire tes alarmes
Et jaillir de tes yeux de généreuses larmes
Et te précipita sous les pieds des chevaux,
Sans souci d'irriter un peuple de bourreaux !

Elle brûlait en toi, cette flamme sacrée

Qui remonte plus vite à Celui qui la crée !
Tu cédais, Véronique, à ce divin transport
Plus doux que la bonté, plus puissant que la mort,
Et qui, du jour où Dieu pétrit l'humaine fange,
Dans le sein de la femme a mis le cœur de l'ange !
L'amour, l'amour sauveur, l'ardente charité
Te couronne aujourd'hui dans l'immortalité,
O courageuse femme, et t'inonde de gloire,
Et l'homme de ton nom parfume sa mémoire.

SEPTIÈME STATION

Jésus tombe pour la seconde fois.

Seigneur! contre le sol arrosé de ton sang
Faiblis et tombe encor sous ton fardeau pesant;
L'humanité déchue est là qui te contemple :
Sois pour elle l'image et l'éternel exemple
De ce qu'il faut subir pour remonter à Dieu :
Et dis-lui quel bandeau ceint les tempes en feu
De ceux qui, se lavant de l'antique souillure,
Aspirent à ce ciel où l'âme, libre et pure,
Dans l'adoration, la lumière et la paix,
Par ton sentier sanglant se repose à jamais!

Ah! devant ce supplice auguste et volontaire,
Expiateur divin des crimes de la terre,
Heureux qui prend sa part de ton sublime affront
Et de l'épine aussi peut couronner son front!
Heureux qui, sous le poids des jours qu'il nous faut vivre,
Détourne de la coupe où l'insensé s'enivre
Son cœur, d'une eau plus vive et plus pure altéré!

Heureux qui boit ton sang sur l'autel consacré ;
Qui seul, parmi tous ceux en qui ton nom s'efface,
Baise avec des sanglots ton adorable trace !
Heureux qui de t'aimer fait son unique loi,
Qui sait la chair faillible et n'est fort que par toi,
Et sent germer en lui, comme une fleur bénie,
Au soleil de l'amour l'espérance infinie !
Mais plus heureux, Seigneur, qui n'a jamais douté
Qu'en créant l'univers, tu l'avais racheté !

O Christ ! quand tu seras remonté dans ta gloire,
De l'homme aveugle encor conserve la mémoire !
Jésus ! prends en pitié, toi qui connus les pleurs,
Ses désirs insensés, non moins que ses douleurs ;
O Rédempteur promis à la faute première,
Toi, la toute-justice et la toute-lumière,
N'abandonne point l'homme à l'Esprit tentateur !
Toi qui fus délaissé, divin Consolateur,
Pardonne ! Et soulevant le fardeau qui nous blesse,
Mesure toute chute à la toute-faiblesse !

Et les Anges, penchés à la cime des cieux,
Immobiles, versaient des pleurs silencieux :
La Volonté divine avait ployé leurs ailes
Qui voilaient leurs fronts purs et palpitaient entre elles.
Oh ! si Dieu l'eût voulu ! Que d'un ardent essor
Ils eussent dans les airs tracé leur sillon d'or,
Et du vent enflammé de ces ailes rapides
Balayé d'un seul coup ces bourreaux déicides !

Consolez-vous, Esprits du Très-Haut, ayez foi !
Vous reverrez aux Cieux remonter votre Roi,
Rayonnant comme aux jours où, guidant vos phalanges,
Il refoula l'essaim impur des mauvais anges ;
Puissant, mais doux, semblable, au sortir du tombeau,
A l'éclat d'un jour pur sur un monde nouveau,
Et menant, aux reflets de l'auréole en flammes,
Vers l'Éden reconquis la famille des âmes !

HUITIÈME STATION

Jésus console les filles de Jérusalem.

Tandis qu'il gravissait l'âpre et dure colline,
Quelques femmes en pleurs se frappaient la poitrine,
Et parfois, en secret, baisaient ses vêtements,
Et répandaient leurs cœurs en sourds gémissements.
Et Lui, plein de pitié pour leurs larmes amères,
Leur dit : — Pleurez sur vous, sur vos propres misères,
Pleurez sur vos enfants, ô femmes d'Israël !
Voici venir les temps marqués par l'Éternel,
Et les temps de justice et les temps de vengeance,
Où l'impie est troublé dans son intelligence
Et s'empresse au-devant des châtiments prédits !
Pleurez plutôt sur vous, femmes, je vous le dis.

Tremble, Sion ! la main du Très-Haut s'est levée !
Comme en son nid l'oiseau rassemble sa couvée,
Que de fois j'ai voulu, dans mes bras caressants,
O cité de mon peuple, abriter tes enfants !
Tu ne l'as pas voulu ! Dieu te voue à l'épée !

Et tu seras saisie à la gorge et frappée
Comme le bouc traîné de l'étable à l'autel,
Qui se débat en vain sous le couteau mortel,
Et qui saigne son sang et qui hâte son heure!
Donc, couvre tes cheveux de cendre, crie et pleure,
Car tu verras le Temple où priaient tes aïeux,
Ployé, déraciné comme un chêne trop vieux.
Dans la flamme et le bruit s'écrouler sur sa base;
Et tes murs et tes tours que l'incendie embrase
Céder en mugissant aux coups des lourds béliers,
Et tes enfants aux fers et vendus par milliers!

Quelques vieillards en deuil, assis sur tes ruines,
Voulant mourir aux pieds de tes mornes collines,
Leurs cheveux blancs souillés et leur robe en lambeaux,
Dans tes restes fumants choisiront leurs tombeaux;
Car ton crime, ô Sion, par delà les nuées,
A réveillé de Dieu les foudres enchaînées;
Ton crime a retenti, dans un sombre concert,
Des rives de ton fleuve aux sables du désert,
Comme dans Josaphat le clairon de l'Archange!
Et quand le feu vengeur aura séché ta fange;
Quand le souffle de Dieu, de la plaine aux vallons,
Aura semé ta cendre aride en tourbillons,
Telle qu'un vil bétail, ta race vagabonde
S'en ira sans retour, errante par le monde!

Pleurez, pleurez sur vous, ô filles de Sion!
Dans ce jour d'épouvante et d'expiation

Un cri s'élèvera des hameaux et des villes :
Heureux ceux qui sont morts ! Heureuses les stériles !
Et bienheureux les seins qui n'ont jamais nourri,
Et le germe avorté dans le sillon flétri !
Pleurez, gémissez donc, lamentez-vous, ô femmes,
Mais non sur moi ! Parmi les ossements infâmes
Les ossements du Christ ne blanchiront jamais ;
Car mon Père, en ce jour, loin de ceux que j'aimais,
Pour couronner son Fils vers les Cieux me rappelle,
Et j'attire le monde à la vie éternelle ! —

NEUVIÈME STATION

Jésus tombe pour la troisième fois.

Une dernière fois, sur la pente escarpée,
D'une sueur de mort la figure trempée,
Jésus tombe, immobile, anéanti, sans voix,
Et de ses faibles bras laisse échapper la Croix.
Ce n'est plus la douleur charnelle qui le brise,
Ni le sang répandu qui dans son cœur s'épuise,
Ni qu'une main barbare, en aggravant ses maux,
Ait surpris à l'enfer des outrages nouveaux;
Non! Mais de l'avenir illuminant les ombres,
Le Rédempteur regarde à travers les temps sombres,
Et voyant que le Mal, jusques au dernier jour,
Flétrira pour beaucoup les fruits de son amour,
Saisi d'une souffrance amère, inexorable,
Il se meurt de pitié pour la race coupable!

Mère et fille de l'homme, aveugle humanité,
Ton Dieu même gémit de ton iniquité!
Contemple en frémissant ce désespoir auguste,

Cette prostration du seul Pur, du seul Juste,
Tel qu'un cadavre aux flancs du Golgotha couché !
Lui ! qui pour te laver de l'antique péché,
Pour rouvrir devant toi, repentante et charmée,
La porte d'or d'Éden que l'Ange avait fermée,
Comme pour un enfant rebelle et toujours cher,
Abaissa l'Infini dans un corps fait de chair !
Voulant dans sa bonté plus que dans sa justice,
Par un mystérieux et suprême supplice,
Sans mesurer le prix de ta rédemption,
Te ramener à Dieu par son oblation,
Emportant sur son sein, vers la paix éternelle,
Ta famille innombrable, et passée et nouvelle !

Mais tandis que ton Christ tombe en t'ouvrant les bras,
Tu détournes la tête et tu ne l'entends pas !
Et c'est pourquoi, gisant sous la Croix lourde et rude,
Devant l'abîme ouvert de ton ingratitude
Il sent plus que jamais son cœur s'épouvanter
Pour ceux de tes enfants qu'il n'a pu racheter,
Qui, sans pitié pour lui, sans pitié pour eux-mêmes,
S'enivrent du concert de leurs propres blasphèmes !
Et d'autres visions, en lacérant son cœur,
Lui présentent l'Esprit mauvais partout vainqueur :
Il voit les saints martyrs, dans les rouges arènes,
Expirer sous la dent des lions et des hyènes,
Ou, comme des flambeaux pour la fête allumés,
Illuminer César de leurs corps enflammés !
Et les vierges, ses sœurs, ces filles de sa mère,

Tomber comme des fleurs sous la faux meurtrière ;
Et tels que Zacharie, à l'angle de l'autel,
Ses prêtres renversés sous le couteau mortel ;
Et le ciel, noir du vol des hordes infernales,
Rugir comme la mer aux cris des saturnales,
Et, malgré tant de maux divinement soufferts,
Son saint nom blasphémé par le vieil univers !

Mais, ô Christ, ô lumière et source de la vie,
Relève-toi, c'est l'heure, et la mort te convie !

DIXIÈME STATION

Jésus est dépouillé de ses vêtements.

Par les yeux de l'Esprit, dans les heures futures,
Lorsque le fils d'Amos contempla tes tortures,
Seigneur! il se pencha sur ton calice amer,
Et, comme pour mourir, il frémit dans sa chair;
Et le sein haletant du transport prophétique,
Il montra, dans un triste et sublime cantique,
Au sommet du Calvaire où tu t'es arrêté,
Les bourreaux dépouillant ton corps ensanglanté,
Élargissant la plaie en feu qui t'enveloppe
Et t'offrant par mépris le fiel avec l'hysope!

Et ceux qui l'écoutaient raconter l'avenir,
Disaient : — Souffrira-t-il, Celui qui doit venir?
Non! il ceindra son flanc d'une robe de gloire,
Le lion de Juda rugira sa victoire,
Et, courbé sous le joug à son cou destiné,
L'univers apprendra qu'un Vengeur nous est né! —

Car la foule, ignorant le sens des prophéties,
Sous la force et la pourpre abritait ses Messies.

Debout près de la Croix, pâle et silencieux,
O Christ! le Golgotha se dresse sous tes yeux,
Ainsi qu'il apparut dans sa forme première,
Lorsque tu fis jaillir le monde à la lumière,
Portant déjà, flétri, sinistre, à peine né,
Une empreinte fatale à son front décharné.
C'est lui! Les os des morts laissés sans sépulture
Le couvrent du linceul de leur poussière impure,
Fange épaisse, séchée au soleil des étés,
Et qui vole au hasard dans les vents empestés;
C'est l'horrible colline où tant de cris suprêmes
Sont montés de la croix avec de sourds blasphèmes;
Où le sol a tant bu de misérable sang;
Et que l'homme parfois se montre en frémissant,
Quand, aux pâles éclairs d'une orageuse nue,
Elle détache au ciel sa tête morne et nue!

Martyr qui t'es offert, ô Christ, vois, c'est le lieu
Que tu purifieras sur terre et devant Dieu!
Et les siècles, saisis d'un respect unanime,
Se tourneront bientôt vers cette auguste cime,
Infâme encore hier, vil ossuaire humain,
Et, comme un saint autel, vénérable demain;
Phare que saluera l'homme dans ses naufrages,
Et que n'éteindront plus les terrestres orages.

DIXIÈME STATION.

Après quatre mille ans, flots sur flots révolus,
Voici l'instant fatal tel que tu le voulus
Avant le premier jour, l'espace et la durée !
Seigneur, ta chair divine est blême et déchirée ;
Et, sur le roc stérile, ouvert de toutes parts,
Où tu restes en proie aux insolents regards,
Tandis que sur ton front où l'épine s'enlace
Chaque goutte de sang se durcit et se glace,
Ainsi qu'un vil butin qu'on dispute ardemment
Les Romains vont jouer ton sacré vêtement,
Afin que, pauvre et nu, sur leur gibet immonde,
Tu retournes aux cieux comme tu vins au monde !

ONZIÈME STATION

Jésus est attaché à la Croix.

La foule, avec des cris d'anathème et de joie,
Parmi les rocs massifs comme un serpent ondoie,
Et, hurlante, couvrant le stérile sommet,
Demande qu'on l'attache à l'infâme gibet.
Ainsi, Jérusalem que le vertige assiège
A vomi de ses murs sa race sacrilège,
Et seule, sous le ciel, implacable témoin,
Entend gronder son peuple et l'applaudit de loin ;
Ignorante qu'un jour, pour d'autres funérailles,
Ce peuple sans merci, hérissant ses murailles,
Lui criera : Sois maudite! et, fils dénaturé,
S'entre-dévorera sur son sein déchiré !

Sans qu'un soupir d'angoisse échappe de sa bouche,
Sur l'arbre de la Croix le Rédempteur se couche.
Il offre aux clous aigus, aux marteaux inhumains,
Ses pieds déjà meurtris et ses divines mains ;
Et regardant les cieux sourds à son agonie,

Cherche son Père au fond de la voûte infinie.
Mais, d'instants en instants, pareil aux sombres flots,
L'espace s'obscurcit et roule des sanglots ;
Sous le vol des Démons l'air sinistre tressaille ;
Et le Sauveur frémit dans son âme et défaille ;
Et, comme dans la nuit des Oliviers, son cœur
S'emplit d'une invincible et suprême terreur.

O Jésus ! c'est assez d'outrage et de souffrance !
Si tu ne veux punir, songe à ton innocence !
Seigneur, il en est temps encor ! Méritons-nous
Tes douleurs et ta mort ? O cieux, ébranlez-vous !
Foudre de l'Éternel, que ta colère éclate !
Fais écrouler ce mont sur cette foule ingrate ;
Épargne, ô Fils de l'homme, à ce peuple insensé,
Un forfait qui jamais ne sera surpassé ;
Ne laisse pas crier dans la mémoire humaine
Ce hideux souvenir de folie et de haine !
La race de Jacob au cœur avare et dur,
N'a-t-elle donc versé des torrents de sang pur
Que pour rougir encor, fatales aux prophètes,
Ses mains, contre Dieu même, au meurtre toujours prêtes ?
En faveur d'Abraham, d'Isaac, d'Israël,
O Christ, détourne-la de ce crime éternel !

Tu l'eusses fait sans doute, ô Source de la grâce,
O seul Ami de l'homme en ce monde où tout passe !
Mais, dans son équité, même au prix de ta mort,
Le Très-Haut de ce peuple avait prévu le sort.

Et le Sauveur s'abîme en son angoisse immense.
Les bourreaux ont fini leur œuvre de démence :
Les clous grossiers, heurtés par les marteaux de fer,
L'attachent au supplice en transperçant sa chair...
C'en est fait ! Vision lamentable et sublime,
On dresse avec lenteur la croix et la victime,
Et le haut Golgotha, déjà purifié,
Présente à l'univers le grand Supplicié !

DOUZIÈME STATION

Jésus meurt sur la Croix.

Tourné vers l'Occident et la Ville éternelle,
Jésus semble appeler l'humanité nouvelle,
Et, par delà les temps que Dieu guide en leur cours,
Saluer en mourant l'aurore des grands jours,
Où toute nation, de son sang baptisée,
Refleurira, baignée au cœur par sa rosée,
Et, d'un même transport d'espérance et de foi,
Verra par sa lumière et gardera sa loi.
Dans un embrasement symbolique et suprême,
Il ouvre les deux bras au monde entier qu'il aime,
Au monde qui le nie et le tue à la fois,
Car toutes les douleurs sont au pied de sa croix!
Du calice épuisé goûtant la lie amère,
Il écoute gémir ses amis et sa Mère;
Et seul, cloué, sanglant et délaissé du ciel,
Les yeux brûlés de pleurs, le cœur noyé de fiel,
La chair vive et cuisante et n'étant qu'une plaie,
Il cède au long supplice, enfin la mort l'effraie;

Il désespère, et pousse à travers l'infini
Un cri terrible : *Eli, lamma sabacthani !*

O désespoir du Christ ! ô divine épouvante !
Quoi ! la seule Vertu, la Vérité vivante,
Jésus ! l'Agneau sans tache et le Verbe incréé,
Comme un fils de la femme a donc désespéré ?
Oh ! qui peut concevoir, quelle humaine parole
Dira ton sens sublime, adorable symbole !
La chair souffrant en Dieu, sans force et sans appui,
Et Dieu contenant l'homme et gémissant sur lui !
Mais nul ne soutiendra ces torrents de lumière,
Seigneur ! Nous t'adorons courbés dans la poussière !
L'heure approche, et l'angoisse a fait place à l'amour.
Il s'attendrit, pardonne et sauve tour à tour.
Le bon larron, touché de l'auguste souffrance,
Rouvre son cœur, longtemps aride, à l'espérance,
Et se tourne en priant vers les cieux reconquis.
— Voici ta mère, Jean ! Mère, voici ton fils !
Pleurez, mes bien-aimés, toute larme est féconde !
Mais espérez toujours : j'ai racheté le monde ! —

Et maintenant, la tâche est faite, il faut mourir.
Et, vers la neuvième heure, avec un long soupir,
Le Rédempteur baissa la tête et rendit l'âme !
Et le ciel s'empourpra d'une sanglante flamme ;
On entendit des cris et des plaintes sans nom ;
Un grand vent accourut des bords de l'horizon,
Et, semblables aux mâts sur les flots blancs d'écume,

Courba les monts lointains oscillant dans la brume ;
Et le voile du Temple en deux parts éclata ;
Et la terre entr'ouvrit son sein et palpita ;
Et, surgissant du fond des anciens ossuaires,
Les morts, à pas muets, marchaient dans leurs suaires ;
Et, comme un marbre noir sur la tombe jeté,
La nuit enveloppa le monde épouvanté !
Le peuple, amoncelé sur les pentes fatales,
Mêlait ses cris d'horreur aux bruits sourds des rafales,
Et le Romain, fuyant de ce sinistre lieu,
Cria : Malheur à nous : cet homme était un Dieu !

TREIZIÈME STATION.

Jésus est détaché de la Croix et remis à sa Mère.

L'OBLATION divine est enfin consommée !
La plaie ouverte au flanc, la tête inanimée,
Le Rédempteur n'est plus, et le poids de son corps
Allonge sur la croix et roidit ses bras morts.
Mais le bourreau qui doit, de sa masse pesante,
Outrager jusqu'au bout la chair agonisante,
Et, pour finir plus tôt leur vie et leurs tourments,
Des blêmes condamnés briser les ossements,
A respecté Jésus, selon la prophétie.
Et Nicodème, avec Joseph d'Arimathie,
Dans un pieux respect, du bois sanctifié
Détachent lentement leur Dieu supplicié.
Ils remettent aux bras étendus de sa Mère
Ce cadavre immortel, relique trois fois chère,
Où le sang est tari d'avoir, par flots féconds,
Sans mesure arrosé de stériles sillons,
Fait germer le bon grain parmi l'ivraie impure,
Et préparé le sol pour la moisson future ;

Où le cœur ne bat plus d'avoir trop palpité
D'amour pour l'univers et pour la vérité !

Oh ! de quels yeux chargés d'un désespoir sans borne
Sa Mère le contemple, inerte, pâle, morne,
Le cœur d'un seul désir désormais consumé,
Sans pouvoir détourner de ce Fils bien-aimé,
Sa joie et son orgueil, sa divine amertume,
Un regard fixe où l'âme entière se résume !
Tout est là, sur ce bois rougi d'un sang sacré,
Sur ce front ceint d'épine et ce reste adoré
Que l'impossible mort a glacé devant elle,
Tout ! ses terrestres jours et sa vie immortelle !
Elle baise, muette, et presse entre ses bras
Cette immobilité terrible du trépas ;
Elle touche ces pieds, où les clous déicides
Font encore saigner leurs empreintes livides,
Et les mains, et le flanc que le fer a percé !
Et comme pour sortir de son rêve insensé,
Pour dissiper plus tôt cette effrayante image,
Elle approche plus près du céleste visage,
Elle épie un soupir, un vague mouvement,
Le voit mort, et frémit silencieusement.

Et c'est pourquoi, Marie, au Ciel où tu vas luire,
Où le Sauveur aura couronné ton martyre,
Quand un jeune tombeau fera couler leurs pleurs,
Elles te nommeront la Mère de douleurs,
Celles qui, gémissant dans un même supplice,

De la maternité tariront le calice !
Et devant ton autel mystérieux et doux,
Les bras tendus vers toi, pâles, à deux genoux,
Elles t'invoqueront, aux feux tremblants des cierges,
O consolation des mères et des vierges !
Certaines que ton cœur, aux pieds du Fils divin,
Percé des mêmes coups, ne saigna pas en vain ;
Que, sans cesse rempli d'une égale tendresse,
Jusqu'à Dieu qui l'écoute il porte leur détresse,
Et que, dans la foi sainte où tu te ranimais,
Se souvenant toujours, on espère à jamais !

QUATORZIÈME STATION

Jésus est mis dans le tombeau.

Et sur la pierre nue et désormais sacrée,
Pierre de l'onction des siècles vénérée,
Pour rendre à ta dépouille un funéraire honneur,
Les disciples pieux t'étendirent, Seigneur!
Une eau vive, effaçant les traces de l'outrage,
Lava tes membres froids et ton pâle visage;
Et l'encens qui brûla sur ton berceau divin,
La myrrhe et l'aloès parfumèrent ton sein;
Et répandant sur toi les sanglots de leurs âmes,
Dans un suaire neuf et blanc les saintes femmes
T'ayant couché, Jésus, abaissèrent tes yeux
Qu'elles n'espéraient plus voir se rouvrir qu'aux cieux!
Et la Vierge, puisant dans son amour lui-même
La force de t'offrir cet hommage suprême,
Se dressant sous le poids de ses maux surhumains,
Voulut les assister de ses tremblantes mains!

Dans le roc vif, non loin, nouvellement creusée,

Une grotte s'ouvrait, au Levant exposée ;
Et là, jamais nul mort, chair promise au réveil,
N'avait encor dormi l'immobile sommeil.
C'est vers ce blanc sépulcre, aride et solitaire,
Qu'ils portaient ta dépouille, ô Sauveur de la terre !
Soutenus par l'amour, l'espérance et la foi,
Mais les yeux lourds de pleur, et plus pâles que toi !
Et ta Mère suivait, et les femmes fidèles ;
Et le disciple aimé qui marchait auprès d'elles,
Celui qui, dans la Cène, un moment endormi,
Se pencha sur le sein de l'immortel Ami,
Sombre, laissant flotter sa blonde chevelure,
S'illuminait déjà de ta flamme future,
O Pathmos ! ô rocher prophétique, où ses yeux
Verront le Christ assis dans la gloire des cieux !
Et c'est ainsi qu'au sein de la crypte profonde
Ils allaient enfermer la lumière du monde !

Le Sépulcre a reçu le Sauveur trépassé.
Les pieds à l'Orient, il repose, glacé,
Immobile, muet et rigide, et semblable
A toute créature humaine et périssable.
Et ceux qui le pleuraient, l'ayant enseveli,
Le cœur de sa divine image encore empli,
Parlant bas dans la nuit d'un nuage voilée,
Fermèrent le tombeau d'une pierre scellée ;
Puis, vers Jérusalem, éplorés, chancelants,
Ils descendirent tous la montagne à pas lents.

QUATORZIÈME STATION.

Allez, derniers amis du Dieu mort pour nos crimes,
Vous qui, durant ses jours rapides et sublimes,
L'avez vu de vos yeux et l'avez écouté,
Et qui partagerez son immortalité !
Allez, vous dont les mains ont lavé ses blessures,
En qui Jésus a mis ses grâces les plus sûres,
Femmes, qui jusqu'au bout l'avez accompagné,
Et qui le reverrez vivant et couronné !
Car déjà, de la mort faisant reculer l'ombre,
Le Rédempteur tressaille en son sépulcre sombre !

LA RÉSURRECTION

Jésus monte au Ciel.

Il est ressuscité! Dans un flot de lumière,
Du sépulcre en éclats il fait voler la pierre,
Il s'élève, il s'élance, il est ressuscité!
Hosanna dans l'espace et dans l'éternité!
Un jour éblouissant succède à la nuit noire;
Il monte, enveloppé d'un tourbillon de gloire,
Et sa face revêt, au sortir du sommeil,
O neige, ta blancheur, et ta flamme, ô soleil!
Il est ressuscité! Dans son divin suaire
Le Saint des Saints retourne au triple Sanctuaire;
Mais il lègue le pain et l'eau vive, son sang
Et sa chair, et sa Croix à l'homme renaissant,
Cent miracles sacrés, son amour, sa justice,
Et le dernier pardon du haut de son supplice!
Et tout est accompli : le monde est racheté!
Hosanna dans l'espace et dans l'éternité!

O Justes, qui dormiez, attendant sa venue,

Le jour libérateur éclate à votre vue !
De vos tombeaux glacés, patriarches anciens,
Levez-vous ! Le Seigneur a brisé vos liens !
Accourez ! Saluez d'ineffables cantiques
Celui dont on parlait aux siècles prophétiques,
Le Dieu par Isaïe aux peuples annoncé :
Un rejeton naîtra de ta tige, ô Jessé !
Dans la crèche rustique, humble et nu dans ses langes,
Adoré des trois Rois, des Bergers et des Anges.
Comme il était écrit, le Verbe s'est fait chair !
Il est né d'une Vierge, il a vécu, souffert,
Il est mort sur la croix, descendu dans l'abîme,
Et voici que, trois jours passés, d'un vol sublime,
Il surgit de sa tombe, il est ressuscité !
Hosanna dans l'espace et dans l'éternité !

Par delà les sept cieux où palpitent vos ailes,
Exhalez l'hosanna des fêtes éternelles,
O Dominations, ô Vertus, ô Splendeurs,
Trônes, Princes, Gardiens et mystiques Ardeurs,
Et vous, ô Séraphins, et vous, pures Essences,
Vous, brûlants Chérubins, Louanges et Puissances,
Échelle de Jacob, vivants degrés de feu
Qui, de la terre au ciel et de l'homme à son Dieu,
Dans la beauté, l'amour et la force sereine,
Formez de l'univers l'harmonie et la chaîne !
Et vous, ô fils aînés de Celui qui fit tout,
Qui, plus près de sa face, éclatants et debout,
Écoutez les premiers ses paroles fécondes,

Archanges immortels qui veillez sur les mondes,
Allumez le Calvaire aux foudres du Sina!
Chantez le Saint des Saints, Archanges! Hosanna!
Gloire au Verbe incréé! Par un divin mystère
Il a racheté l'homme, il a sauvé la terre,
Il a vaincu la mort, il est ressuscité!
Hosanna dans l'espace et dans l'éternité!

PRÉFACES

DES

POÈMES ANTIQUES

ET DES

POÈMES ET POÉSIES

PRÉFACE

DES

POÈMES ANTIQUES*

Ce livre est un recueil d'études, un retour réfléchi à des formes négligées ou peu connues. Les émotions personnelles n'y ont laissé que peu de traces ; les passions et les faits contemporains n'y apparaissent point. Bien que l'art puisse donner, dans une certaine mesure, un caractère de généralité à tout ce qu'il touche, il y a dans l'aveu public des angoisses du cœur et de ses voluptés non moins amères, une vanité et une profanation gratuites. D'autre part, quelque vivantes que soient les passions politiques de ce temps, elles appartiennent au monde de l'action; le travail spéculatif leur est étranger.

* Paris. Marc Ducloux, éditeur, 1852.

Ceci explique l'impersonnalité et la neutralité de ces études. Il est du reste un fonds commun à l'homme et au poète, une somme de vérités morales et d'idées dont nul ne peut s'abstraire; l'expression seule en est multiple et diverse. Il s'agit de l'apprécier en elle-même. Or, ces poèmes seront peut-être accusés d'archaïsme et d'allures érudites, peu propres à exprimer la spontanéité des impressions et des sentiments; mais si leur donnée particulière est admise, l'objection est annihilée. Exposer l'opportunité et la raison des idées qui ont présidé à leur conception, sera donc prouver la légitimité des formes qu'ils ont revêtues.

En ce temps de malaise et de recherches inquiètes, les esprits les plus avertis et les plus fermes s'arrêtent et se consultent. Le reste ne sait ni d'où il vient, ni où il va; il cède aux agitations fébriles qui l'entraînent, peu soucieux d'attendre et de délibérer. Seuls, les premiers se rendent compte de leur époque transitoire et des exigences fatales qui les contraignent. Nous sommes une génération savante; la vie instinctive, spontanée, aveuglément féconde de la jeunesse, s'est retirée de nous; tel est le fait irréparable. La Poésie, réalisée dans l'art, n'enfantera plus d'actions héroïques; elle n'inspirera plus de vertus sociales; parce que la langue sacrée, même dans la prévision d'un germe latent d'héroïsme ou de vertu, réduite, comme à toutes les époques de décadence littéraire, à ne plus exprimer que de mesquines impressions personnelles, envahie par les néologismes arbitraires, morcelée et profanée, esclave des caprices et des goûts individuels, n'est plus apte à enseigner l'homme. La Poésie ne consacrera même plus la mémoire des événements qu'elle n'aura ni prévus ni amenés, parce que le caractère à la fois spéculatif et pratique de ce temps est de n'accorder qu'une attention rapide et une estime accessoire à ce qui ne vient pas immédiatement en aide à son double effort, et qu'il ne se donne ni trêve ni repos. Des commentaires sur l'Évangile peuvent bien se transformer en pamphlets politiques; c'est une marque du trouble des esprits et de la ruine théologique; il y a ici agression et lutte sous figure d'enseignement; mais de tels compromis sont interdits à la Poésie. Moins souple et moins accessible que les formes de polémique usuelle, son action serait nulle et sa déchéance plus complète.

O Poètes, éducateurs des âmes, étrangers aux premiers rudiments de la vie réelle non moins que de la vie idéale; en proie aux dédains instinctifs de la foule comme à l'indifférence des plus intelligents; moralistes sans principes communs, philosophes sans doctrine, rêveurs d'imitation et de parti pris, écrivains de hasard qui vous complaisez dans une radicale ignorance de l'homme et du monde, et dans un mépris naturel de tout travail sérieux; race inconsistante et fanfaronne, épris de vous-mêmes, dont la susceptibilité toujours éveillée ne s'irrite qu'au sujet d'une étroite personnalité et jamais au profit de principes éternels; ô Poètes, que diriez-vous, qu'enseigneriez-vous ? Qui vous a conféré le caractère et le langage de l'autorité ? Quel dogme sanctionne votre apostolat ? Allez! vous vous épuisez dans le vide, et votre heure est venue. Vous n'êtes plus écoutés, parce que vous ne reproduisez qu'une somme d'idées désormais insuffisantes; l'époque ne vous entend plus, parce que vous l'avez importunée de vos plaintes stériles, impuissants que vous étiez à exprimer autre chose que votre propre inanité. Instituteurs du genre humain, voici que votre disciple en sait instinctivement plus que vous. Il souffre d'un travail intérieur dont vous ne le guérirez pas, d'un désir religieux que vous n'exaucerez pas, si vous ne le guidez dans la recherche de ses traditions idéales. Aussi, êtes-vous destinés, sous peine d'effacement définitif, à vous isoler d'heure en heure du monde de l'action, pour vous réfugier dans la vie contemplative et savante, comme en un sanctuaire de repos et de purification. Vous rentrerez ainsi, loin de vous en écarter, par le fait même de votre isolement apparent, dans la voie intelligente de l'époque.

Depuis Homère, Eschyle et Sophocle, qui représentent la Poésie dans sa vitalité, dans sa plénitude et dans son unité harmonique, la décadence et la barbarie ont envahi l'esprit humain. En fait d'art original, le monde romain est au niveau des Daces et des Sarmates; le cycle chrétien tout entier est barbare.

Dante, Shakspeare et Milton n'ont prouvé que la force et la hauteur de leur génie individuel ; leur langue et leurs conceptions sont barbares. La sculpture s'est arrêtée à Phidias et à Lysippe ; Michel-Ange n'a rien fécondé ; son œuvre, admirable en elle-même, a ouvert une voie désastreuse. Que reste-t-il donc des siècles écoulés depuis la Grèce ? quelques individualités puissantes, quelques grandes œuvres sans lien et sans unité. Et maintenant la science et l'art se retournent vers les origines communes. Ce mouvement sera bientôt unanime. Les idées et les faits, la vie intime et la vie extérieure, tout ce qui constitue la raison d'être, de croire, de penser, d'agir, des races anciennes, appelle l'attention générale. Le génie et la tâche de ce siècle sont de retrouver et de réunir les titres de famille de l'intelligence humaine. Pour condamner sans appel ce retour des esprits, cette tendance à la reconstitution des époques passées et des formes multiples qu'elles ont réalisées, il faudrait logiquement tout rejeter, jusqu'aux travaux de géologie et d'ethnographie modernes ; mais le lien des intelligences ne se brise pas au gré des sympathies individuelles et des caprices irréfléchis. Cependant qu'on se rassure : l'étude du passé n'a rien d'exclusif ni d'absolu ; savoir n'est pas reculer ; donner la vie idéale à qui n'a plus la vie réelle n'est pas se complaire stérilement dans la mort. La pensée humaine est affirmative sans doute, mais elle a ses heures d'arrêt et de réflexion. Aussi, faut-il le dire hautement, il n'est rien de plus inintelligent et de plus triste que cette excitation vaine à l'originalité propre aux mauvaises époques de l'art. Nous en sommes à ce point. Qui donc a signalé parmi nous le jet spontané et vigoureux d'une inspiration saine ? Personne. La source n'en est pas seulement troublée et souillée, elle est tarie jusqu'au fond. Il faut puiser ailleurs.

La Poésie moderne, reflet confus de la personnalité fougueuse de Byron, de la religiosité factice et sensuelle de Chateaubriand, de la rêverie mystique d'outre-Rhin et du réalisme des Lakistes, se trouble et se dissipe. Rien de moins vivant et de moins original en soi, sous l'appareil le plus spécieux. Un art de seconde main, hybride et incohérent, archaïsme de la veille, rien de plus. La patience publique s'est lassée de cette comédie bruyante jouée au profit d'une autolâtrie d'emprunt. Les maîtres se sont tus ou vont se taire, fatigués d'eux-mêmes, oubliés déjà, solitaires au milieu de leurs œuvres infructueuses. Les derniers adeptes tentent une sorte de néo-romantisme désespéré, et poussent aux limites extrêmes le côté négatif de leurs devanciers. Jamais la pensée, surexcitée outre mesure, n'en était venue à un tel paroxysme de divagation. La langue poétique n'a plus ici d'analogue que le latin barbare des versificateurs gallo-romains du cinquième siècle. En dehors de cette recrudescence finale de la poésie intime et lyrique, une École récente s'est élevée, restauratrice un peu niaise du bon sens public, mais qui n'est pas née viable, qui ne répond à rien et ne représente rien qu'une atonie peu inquiétante. Il est bien entendu que la rigueur de ce jugement n'atteint pas quelques hommes d'un talent réel qui, dans un sentiment très large de la nature, ont su revêtir leur pensée de formes sérieuses et justement estimées. Mais cette élite exceptionnelle n'infirme pas l'arrêt. Ces poètes nouveaux, enfantés dans la vieillesse précoce d'une esthétique inféconde, doivent sentir la nécessité de retremper aux sources éternellement pures l'expression usée et affaiblie des sentiments généraux. Le thème personnel et ses variations trop répétées ont épuisé l'attention ; l'indifférence s'en est suivie à juste titre ; mais s'il est indispensable d'abandonner au plus vite cette voie étroite et banale, encore ne faut-il s'engager en un chemin plus difficile et dangereux, que fortifié par l'étude et l'initiation. Ces épreuves expiatoires une fois subies, la langue poétique une fois assainie, les spéculations de l'esprit, les émotions de l'âme, les passions du cœur, perdront-elles de leur vérité et de leur énergie, quand elles disposeront de formes plus nettes et plus précises ? Rien, certes, n'aura été délaissé ni oublié ; le fonds pensant et l'art auront recouvré la sève et la vigueur, l'harmonie et l'unité perdues. Et plus tard, quand les intelligences profondément agitées se seront apaisées, quand la méditation des principes négligés et la régénération des formes auront purifié l'esprit et la lettre, dans un siècle ou deux, si toutefois l'élaboration des temps nouveaux n'implique pas une gestation plus lente, peut-être la poésie redeviendra-t-elle le verbe inspiré et immédiat de l'âme humaine. En attendant l'heure de la renaissance, il ne lui reste qu'à se recueillir et à s'étudier dans son passé glorieux.

L'art et la science, longtemps séparés par suite des efforts divergents de l'intelligence, doivent donc tendre à s'unir étroitement, si ce n'est à se confondre. L'un a été la révélation primitive de l'idéal contenu dans la nature extérieure; l'autre en a été l'étude raisonnée et l'exposition lumineuse. Mais l'art a perdu cette spontanéité intuitive, ou plutôt il l'a épuisée; c'est à la science de lui rappeler le sens de ses traditions oubliées, qu'il fera revivre dans les formes qui lui sont propres. Au milieu du tumulte d'idées incohérentes qui se produit parmi nous, une tentative d'ordre et de travail régulier n'est certes pas à blâmer, s'il subsiste quelque parcelle de réflexion dans les esprits. Quant à la valeur spéciale d'art d'une œuvre conçue dans cette donnée, elle reste soumise à qui de droit, abstraction faite de toute théorie esthétique particulière à l'auteur.

Les Poèmes qui suivent ont été pensés et écrits sous l'influence de ces idées, inconscientes d'abord, réfléchies ensuite. Erronées, ils seront non avenus : car le mérite ou l'insuffisance de la langue et du style dépend expressément de la conception première; justes et opportunes, ils vaudront nécessairement quelque chose. Les essais divers qui se produisent dans le même sens autour de nous ne doivent rien entraver ; ils ne défloreront même pas, pour les esprits mieux renseignés, l'étude vraie du monde antique. L'ignorance des traditions mythiques et l'oubli des caractères spéciaux propres aux époques successives ont donné lieu à des méprises radicales. Les théogonies grecques et latines sont restées confondues ; le travestissement misérable infligé par Lebrun ou Bitaubé aux deux grands poèmes ioniens a été reproduit et mal dissimulé à l'aide d'un parti pris de simplicité grossière aussi fausse que l'était la pompe pleine de vacuité des traditeurs officiels. Des idées et des sentiments étrangers au génie homérique, empruntés aux poètes postérieurs, à Euripide surtout, novateur de décadence, spéculant déjà sur l'expression outrée et déclamatoire des passions, ont été insérés dans une traduction dialoguée du dénouement de l'Odyssée ; tentative malheureuse, où l'abondance, la force, l'élévation, l'éclat d'une langue merveilleuse ont disparu sous des formes pénibles, traînantes et communes, et dont il faut faire justice dans un sentiment de respect pour Homère.

Trois poèmes, *Hélène*, *Niobé* et *Khiron*, sont ici spécialement consacrés à l'antiquité grecque et indiquent trois époques distinctes. Quelques études d'une étendue moindre, odes, hymnes et paysages, suivent ou précèdent.

Hélène est le développement dramatique et lyrique de la légende bien connue qui explique l'expédition des tribus guerrières de l'Hellade contre la ville sainte d'Ilos. *Niobé* symbolise une lutte fort ancienne entre les traditions doriques et une théogonie venue de Phrygie. *Khiron* est l'éducateur des chefs Myniens. Depuis le déluge d'Ogygès jusqu'au périple d'Argo, il assiste au déroulement des faits héroïques. Un dernier poème, *Bhagavat*, indique une voie nouvelle. On a tenté d'y reproduire, au sein de la nature excessive et mystérieuse de l'Inde, le caractère métaphysique et mystique des Ascètes viçnuïtes, en insistant sur le lien étroit qui les rattache aux dogmes buddhistes.

Ces Poèmes, il faut s'y résigner, seront peu goûtés et peu appréciés. Ils porteront, dans un grand nombre d'esprits prévenus ou blessés, la peine des jugements trop sincères qui les précèdent. Des sympathies désirables leur feront défaut, celles des âmes impressionnables qui ne demandent à l'art que le souvenir ou le pressentiment des émotions regrettées ou rêvées. Un tel renoncement a bien ses amertumes secrètes; mais la destinée de l'intelligence doit l'emporter, et si la Poésie est souvent une expiation, le supplice est toujours sacré.

PRÉFACE

DES

*POÈMES ET POÉSIES**

Les pages qui précèdent les *Poëmes Antiques* m'ont attiré de sévères admonestations, tempérées d'ailleurs, je le reconnais volontiers, par beaucoup de bienveillance pour mes vers, ce qui m'a surpris et touché. Les objections qui m'ont été faites peuvent se résumer en peu de mots. On m'avertissait qu'en haine de mon temps je me plaisais à repeupler de fantômes les nécropoles du passé, et que dans mon amour exclusif de la poésie grecque, j'en étais arrivé à nier tout l'art postérieur. Qu'il me soit permis de répondre brièvement à ces graves reproches.

Ranimer les ossuaires est un prodige qui ne s'était point représenté depuis Ézéchiel. Je ne me suis ja-

* Paris. Dentu, éditeur, 1855.

mais illusionné sur la valeur de mes poèmes archaïques au point de leur attribuer cette puissance, aussi ne me reste-t-il qu'à remercier ceux qui la leur ont accordée. Plût aux dieux, en effet, que je me fusse retiré au fond des antres de Samothrace ou des sanctuaires de l'Inde, comme on l'a prétendu, en affirmant que nul ne me suivrait dans mon temple ou dans ma pagode. J'ai peu le goût du prosélytisme, et la solitude ne m'effraie pas ; mais je suis trop vieux de trois mille ans au moins, et je vis, bon gré mal gré, au dix-neuvième siècle de l'ère chrétienne. J'ai beau tourner les yeux vers le passé, je ne l'aperçois qu'à travers la fumée de la houille, condensée en nuées épaisses dans le ciel ; j'ai beau tendre l'oreille aux premiers chants de la poésie humaine, les seuls qui méritent d'être écoutés, je les entends à peine, grâce aux clameurs barbares du Pandémonium industriel. Que les esprits amoureux du présent et convaincus des magnificences de l'avenir se réjouissent dans leur foi, je ne les envie ni ne les félicite, car nous n'avons ni les mêmes sympathies ni les mêmes espérances. Les hymnes et les odes inspirées par la vapeur et la télégraphie électrique m'émeuvent médiocrement, et toutes ces périphrases didactiques, n'ayant rien de commun avec l'art, me démontreraient plutôt que les poètes deviennent d'heure en heure plus inutiles aux sociétés modernes. De tout temps, ils ont beaucoup souffert sans doute ; mais, dans leurs plus mauvais jours, au milieu des angoisses de l'exil, de la folie et de la faim, la légitime influence de leur génie était du moins incontestée et incontestable. Voici que le moment est proche où ils devront cesser de produire, sous peine de mort intellectuelle. Et c'est parce que je suis invinciblement convaincu que telle sera bientôt, sans exception possible, la destinée inévitable de tous ceux qui refuseront d'annihiler leur nature au profit de je ne sais quelle alliance monstrueuse de la poésie et de l'industrie, c'est par suite de la répulsion naturelle que nous éprouvons pour ce qui nous tue, que je hais mon temps. Haine inoffensive, malheureusement, et qui n'attriste que moi. S'il arrive donc que nous ne devions plus rien produire qui soit dû à nos propres efforts, sachons garder le souvenir des œuvres vénérables qui nous ont initiés à la poésie, et puisons dans la certitude même de leur inaccessible beauté la consolation de les comprendre et de les admirer. Le reproche qui m'a été adressé de préférer les morts aux vivants est on ne peut plus motivé, et j'y réponds par l'aveu le plus explicite. Quant à la seconde objection, elle n'est pas précisément aussi fondée.

En général, tout ce qui constitue l'art, la morale et la science, était mort avec le Polythéisme. Tout a revécu à sa renaissance. C'est alors seulement que l'idée de la beauté reparaît dans l'intelligence et l'idée du droit dans l'ordre politique. En même temps que l'Aphrodite Anadyomène du Corrège sort pour la seconde fois de la mer, le sentiment de la dignité humaine, véritable base de la morale antique, entre en lutte contre le principe hiératique et féodal. Il tente, après trois cents ans d'efforts, de réaliser l'idéal platonicien, et l'esclavage va disparaître enfin de la terre.

Ce n'est pas que je veuille insister ici sur la valeur morale du Polythéisme dans l'ordre social et religieux. L'étude de cette théogonie, l'examen des faits historiques et des institutions, l'analyse sérieuse des mœurs, suffisent à la démonstration d'une vérité admise par tout esprit libre d'idées reçues sans contrôle et de préventions aveugles. L'art antique, lui seul, en est une révélation permanente. Je me bornerai donc au monde de l'art.

La poésie est trois fois générée : par l'intelligence, par la passion, par la rêverie. L'intelligence et la passion créent les types qui expriment des idées complètes; la rêverie répond au désir légitime qui entraîne vers le mystérieux et l'inconnu. Aussi l'Antiquité, libre de penser et de se passionner, a-t-elle réalisé et possédé l'idéal que le monde chrétien, soumis à une loi religieuse qui le réduisait à la rêverie, n'a fait que pressentir vaguement. C'est donc dans ses créations intellectuelles et morales qu'il faut constater la puissance de la poésie grecque. Or, les deux Épopées ioniennes, le Prométhée, l'Œdipe, l'Antigone, la Phèdre, contiennent, à mon sens, ce qui sera éternellement donné à l'esprit humain de sentir et de rendre ; et il en serait de même des Itihaças hindoues, rattachées si étroitement à l'œuvre homérique par le lien des traditions communes, si elles réunissaient au même degré l'ordre, la clarté et l'harmonie, ces trois qualités incomparables du génie hellénique.

Les figures idéales, typiques, que celui-ci a conçues ne seront jamais surpassées ni oubliées. Elles ne pourront qu'être reproduites avec des atténuations nécessaires. Depuis, il n'y a rien d'égal. Le monde moderne, il est vrai, a créé la Vierge, symbole de pureté, de grâce et surtout de bonté, qui est la plus excellente des vertus ; mais cette protestation du sentiment féminin ne tient plus à la terre, et fait maintenant partie du dogme. Je l'appelle une protestation, car, en effet, l'*Éternel féminin* dont Gœthe a parlé, chassé du vieil Olympe avec tous les types artistiques qu'il entraînait à sa suite, Pénélope, Antigone et tant d'autres, y retrouve en elle sa place et s'y assied définitivement, grâce au merveilleux instinct des races gréco-latines.

Quant aux créations des poètes postérieurs, elles ne présentent pas ce caractère un et général qui renferme dans une individualité vivante l'expression complète d'une vertu ou d'une passion idéalisée. Et l'on pourrait dire, du reste, que le monde moderne ne réussit à concevoir des types féminins, qu'à la condition d'altérer leur essence même, soit en leur attribuant un caractère viril, comme à lady Macbeth ou à Julie, soit en les reléguant dans une sphère nébuleuse et fantastique, comme pour Béatrice.

Celle-ci n'est qu'une idée très vague, revêtue de formes insaisissables. Qu'elle soit une personnification de la théologie ou l'ombre de celle qu'a aimée Dante, nous ne l'avons jamais vue et c'est à peine si nous l'entendons. Elle n'est le symbole spécial d'aucune des forces féminines; et, certes, il n'en est pas ainsi de l'Hélène d'Homère, à la fois si vivante et si idéale. En second lieu, la satire politique et la controverse théologique, continuées au delà de ce monde, ne constituent pas une étude de l'homme. Aussi peut-on affirmer que l'homme est absent de la *Divine Comédie,* à laquelle devaient nécessairement manquer les formes précises et ordonnées, toujours dépendantes de la conception première et de la langue. Or, ce cauchemar sublime porte partout l'empreinte d'une grande confusion d'idées, de sentiments et d'impressions, et toute pleine qu'elle est d'énergie, de verve et de couleur, la langue de Dante est à peine faite.

Shakspeare a produit une série très variée de caractères féminins ou virils; mais Ophélia, Desdemona, Juliette, Miranda, sont-elles des types dans le sens antique, c'est-à-dire dans le sens uniquement vrai du terme? Non, à coup sûr. Ce sont de riches fantaisies qui charment et qui touchent, mais rien de plus. A l'exception d'Hamlet, qui échappe à toute définition par son extrême complexité, les caractères virils me semblent de beaucoup supérieurs aux figures féminines. Othello, Macbeth, Richard III, sont conçus avec une grande puissance.

Plus tard, si Milton eût emprunté à l'humanité le magnifique symbole de l'orgueil vaincu mais non humilié, il eût produit un type nouveau analogue au Prométhée. Si Byron, avec ses incontestables qualités de lyrisme et de passion, eût possédé, comme Shakspeare, quelque force objective, le Giaour, Manfred et Caïn ne fussent pas restés d'uniques épreuves de sa personnalité. Seuls, au dix-septième siècle, Alceste, Tartufe et Harpagon se rattachent plus étroitement à la grande famille des créations morales de l'antiquité grecque, car ils en possèdent la généralité et la précision. Enfin, pour le compte de l'époque contemporaine, j'affirme qu'il y a aussi loin de Prométhée à Mercadet, que de la lutte contre les dieux aux débats de la police correctionnelle. Or, s'il y a décadence dans l'ordre des conceptions typiques, que dirais-je des grandes compositions elles-mêmes?

Déjà transformée dans la *Divine Comédie* et dans le *Paradis Perdu*, l'épopée a cessé d'être possible. Faust en est la dernière et la plus éclatante preuve. Artiste admirablement doué, possédant une immense somme intellectuelle, Gœthe a moins créé qu'il n'a pensé; et il s'est trouvé que cet esprit si clair et si maître de soi, sachant tout et disposant à son gré de sa force encyclopédique, n'a conçu, définitivement, qu'un poème plein d'abstractions et d'obscurités mystérieuses à travers lesquelles il est tellement difficile de saisir sa pensée, qu'il le nommait lui-même le livre aux sept sceaux.

Il faut bien reconnaître, en face de tels exemples, que les plus larges sources de la poésie se sont affaiblies graduellement ou taries, et ce n'est pas que je veuille en conclure à l'abaissement du niveau intellectuel dans les temps modernes; mais les éléments de composition épiques n'existent plus. Ces nobles récits qui se déroulaient à travers la vie d'un peuple, qui exprimaient son génie, sa destinée humaine et son idéal religieux, n'ont plus eu de raison d'être du jour où les races ont perdu toute existence propre, tout caractère spécial. Que sera-ce donc si elles en arrivent à ne plus former qu'une même famille, comme se l'imagine partiellement la démocratie contemporaine, qu'une seule agglomération parlant une langue identique, ayant des intérêts sociaux et politiques solidaires, et ne se préoccupant que de les sauvegarder? Mais il est peu probable que cette espérance se réalise, malheureusement pour la paix, la liberté et le bien-être des peuples, heureusement pour les luttes morales et les conceptions de l'intelligence. Je ne crois donc pas qu'il soit absolument impossible que l'épopée renaisse un jour de la reconstitution et du choc héroïque des nationalités oppressives et opprimées.

Je n'ai nié aucune des époques de l'art. J'admire

et je respecte les grands poètes qui se sont succédé depuis Homère; mais je ne puis me dissimuler que leurs travaux se sont produits à des conditions on ne peut plus défavorables. Je crois que les Ioniens et les Latins possédaient deux idiomes bien supérieurs aux langues modernes en richesse, en clarté et en précision. Je crois, enfin, qu'à génie égal, les œuvres qui nous retracent les origines historiques, qui s'inspirent des traditions anciennes, qui nous reportent au temps où l'homme et la terre étaient jeunes et dans l'éclosion de leur force et de leur beauté, exciteront toujours un intérêt plus profond et plus durable que le tableau daguerréotypé des mœurs et des faits contemporains.

Je souhaite, en finissant, que l'aveu sincère de mes prédictions et de mes regrets n'arrête pas le lecteur au seuil de mon livre. A l'exception des deux poèmes qu'il contient, de quelques pièces grecques et d'un certain nombre d'études d'art, il n'est cette fois que trop personnel. *Çunacépa* m'a été inspiré par un épisode à peine indiqué du Ramayana, et *le Runoïa*, par les dernières lignes d'une légende finnoise, qui symbolise l'introduction violente du Christianisme en Finlande.

Quelle que soit d'ailleurs la destinée de ce livre, qu'il mérite ou non le succès inespéré de mon premier recueil, il sera le dernier d'ici à quelques années. J'espère achever, dans cet intervalle, un poème plus étendu et plus sérieux, où je tenterai de renfermer, dans une suite d'actions et de récits épiques, l'histoire de l'ère sacerdotale et héroïque d'une de ces races mystérieuses venues de l'antique Orient pour peupler les déserts de l'Europe.

LES
POÈTES CONTEMPORAINS

———

BÉRANGER. — LAMARTINE. — VICTOR HUGO.
ALFRED DE VIGNY. — AUGUSTE BARBIER.
CHARLES BAUDELAIRE.

LES
POÈTES CONTEMPORAINS[*]

AVANT-PROPOS

Au moment d'entreprendre cette série d'études sur les poètes modernes, morts et vivants, il est indispensable, pour la plus grande clarté de mon travail, que j'expose brièvement ma théorie critique.

Qu'on veuille bien ne point s'irriter de la forme affirmative qui m'est habituelle et qui me permettra la concision et la netteté. Mon dessein n'est pas ambitieux. Je ne désire ni plaire ni déplaire. Je dirai ce que je pense, uniquement, et sans développements inutiles, convaincu, pour ce qui me concerne, qu'en fait de prose, tout est bien qui finit vite.

[*] *Le Nain Jaune.* 1864.

L'Art, dont la Poésie est l'expression éclatante, intense et complète, est un luxe intellectuel accessible à de très rares esprits.

Toute multitude, inculte ou lettrée, professe, on le sait, une passion sans frein pour la chimère inepte et envieuse de l'égalité absolue. Elle nie volontiers ou elle insulte ce qu'elle ne saurait posséder. De ce vice naturel de compréhensivité découle l'horreur instinctive qu'elle éprouve pour l'Art.

Le peuple français, particulièrement, est doué en ceci d'une façon incurable. Ni ses yeux, ni ses oreilles, ni son intelligence, ne percevront jamais le monde divin du Beau.

Race d'orateurs éloquents, d'héroïques soldats, de pamphlétaires incisifs, soit; mais rien de plus.

La réputation de curiosité et de mobilité intellectuelles qu'on lui a faite est assurément une étrange plaisanterie. Aucun peuple n'est plus esclave des idées reçues, plus amoureux de la routine, plus scandalisé par tout ce qui frappe pour la première fois son entendement.

Les grands poètes, les vrais artistes qui se sont manifestés dans son sein n'ont point vécu de sa vie, n'ont point parlé la langue qu'il comprend. Ils appartiennent à une famille spirituelle qu'il n'a jamais reconnue et qu'il a sans cesse maudite et persécutée.

Ceux, au contraire, qui, par infirmité naturelle ou par dépravation d'esprit, se sont faits les flatteurs, les échos serviles de son goût atrophié, les vulgarisateurs de ce qui ne doit jamais être vulgarisé, sous peine de décadence irrémédiable, ceux-là, il les a aimés et glorifiés. L'entente a été et sera toujours cordiale et parfaite entre eux et lui, grâce à l'intermédiaire continu de la critique.

Celle-ci, à peu d'exceptions près, se recrute communément parmi les intelligences desséchées, tombées avant l'heure de toutes les branches de l'art et de la littérature. Pleine de regrets stériles, de désirs impuissants et de rancunes inexorables, elle traduit au public indifférent et paresseux ce qu'elle ne comprend pas, elle explique gravement ce qu'elle ignore et n'ouvre le sanctuaire de sa bienveillance qu'à la cohue banale des pseudo-poètes.

Cette absence de principes esthétiques, ce dénûment déplorable de toute perception d'art, l'ont contrainte de choisir pour critérium d'examen la somme plus ou moins compacte d'enseignement moral contenu dans les œuvres qu'elle condamne ou qu'elle absout, et dont elle vit, si c'est là vivre. Or, cet enseignement consiste à répandre dans le vulgaire, à l'aide du rhythme et de la rime, un certain nombre de platitudes qu'elle affuble du nom d'idées. J'ose donc affirmer, pour ma part, que ses reproches et ses éloges n'ont aucun sens appréciable et qu'elle ne sait absolument ce qu'elle dit.

Les théories de la critique moderne ne sont pas les miennes. J'étudierai ce qu'elle dédaigne, j'applaudirai ce qu'elle blâme. Voici pourquoi.

Le monde du Beau, l'unique domaine de l'Art, est, en soi, un infini sans contact possible avec toute autre conception inférieure que ce soit.

Le Beau n'est pas le serviteur du Vrai, car il contient la vérité divine et humaine. Il est le sommet commun où aboutissent les voies de l'esprit. Le reste se meut dans le tourbillon illusoire des apparences.

Le poète, le créateur d'idées, c'est-à-dire de formes visibles ou invisibles, d'images vivantes ou conçues, doit réaliser le Beau, dans la mesure de ses forces et de sa vision interne, par la combinaison complexe, savante, harmonique des lignes, des couleurs et des sons, non moins que par toutes les ressources de la passion, de la réflexion, de la science et de la fantaisie ; car toute œuvre de l'esprit, dénuée de ces conditions nécessaires de beauté sensible, ne peut être une œuvre d'art. Il y a plus : c'est une mauvaise action, une lâcheté, un crime, quelque chose de honteusement et d'irrévocablement immoral.

La poésie a ses bas-fonds, ses bagnes particuliers, où beaucoup d'intelligences mal venues ou perverties riment perpétuellement, sous prétexte de cœur humain et de sincérité, toutes les inepties qui traînent dans les ruisseaux impurs de la banalité, tous les détritus depuis longtemps balayés dans les gémonies de l'Art. Par un renversement prodigieux du sens commun, c'est là que nos risibles éducateurs vont chercher les spécimens d'originalité et de vertu qu'ils nous offrent pour modèles.

De telles excitations au mal, une persévérance si caractérisée à vouloir séquestrer la poésie dans l'ergastule critique, afin de la ployer à la servitude et de l'abêtir sans retour, mériteraient un avertissement senti, si la sérénité des bons esprits pouvait être troublée par cela. N'en parlons plus.

La vertu d'un grand artiste, c'est son génie. La pensée surabonde nécessairement dans l'œuvre d'un vrai poète, maître de sa langue et de son instrument. Il voit du premier coup d'œil plus loin, plus haut, plus profondément que tous, parce qu'il contemple l'idéal à travers la beauté visible, et qu'il le concentre et l'enchâsse dans l'expression propre, précise, unique.

Il porte à la majesté de l'art un respect trop pur pour s'inquiéter du silence ou des clameurs du vulgaire et pour mettre la langue sacrée au service des conceptions viles. Le clairon de l'archange ne se laisse pas emboucher comme une trompette de carrefour.

J'étudierai dans cet esprit l'œuvre des poètes contemporains. Je demanderai avant tout à chacun d'eux ses titres d'artiste, certain de rencontrer un penseur et une haute nature morale, mais non comme l'entend la plèbe intellectuelle, là où j'admirerai la puissance, la passion, la grâce, la fantaisie, le sentiment de la nature et la compréhension métaphysique et historique, le tout réalisé par une facture parfaite, sans laquelle il n'y a rien.

Un écueil très périlleux me menace, je le sais,

dans le cours de ces études. Il est à craindre qu'un poète ne puisse juger un autre poète avec une équité constante. Ma conscience me rassure. Les manifestations diverses du Beau sont en nombre infini. Je sais admirer, et, si peu que je sois, j'ai trop d'orgueil pour être injuste.

I

BÉRANGER

Aux époques vivaces où les rêves, les terreurs, les espérances, les passions vigoureuses des races jeunes et naïves jaillissent de toute part en légendes pleines d'amour ou de haine, d'exaltation mystique ou d'héroïsme, récits charmants ou terribles, joyeux comme l'éclat de rire de l'enfance, sombres comme une colère de barbare, et, flottant, sans formes précises, de génération en génération, d'âme en âme et de bouche en bouche; dans ces temps de floraison merveilleuse de poésie primitive, il arrive que certains hommes, doués de facultés créatrices, vastes esprits venus pour s'assimiler les germes épars du génie commun, en font sortir des théogonies, des épopées, des drames, des chants lyriques impérissables. Ce sont les révélateurs antiques du Beau, ceux qui poussent à travers les siècles les premiers cris sublimes de l'âme humaine, les grands poètes populaires et nationaux.

Quand les races ont vécu, lutté, souffert, vieilli; quand elles ont usé leurs angles et leurs aspérités par un long frottement et courbé la tête sous le niveau pesant des civilisations, il arrive encore que de libres esprits, rebelles à l'aplatissement général, passionnément épris de la beauté naturelle des horizons, des montagnes et des vallées natales, des ruines célèbres endormies au bord des fleuves, écoutent et savent comprendre les voix mystérieuses qui montent du passé ou qui murmurent autour d'eux. Sans trop de culture littéraire, mais habiles à exprimer, dans une langue spontanément éloquente et colorée, les traditions qui survivent, les tristesses vagues, les rêveries confuses, les dures misères et les joies rapides de la foule, ce sont encore de vrais poètes populaires et nationaux, dignes de sympathie et d'admiration.

Enfin, au moment néfaste où les imaginations s'éteignent, où les suprêmes pressentiments du Beau se dissipent, où la fièvre de l'Utile, les convoitises d'argent, l'indifférence et le mépris de l'Idéal s'installent victorieusement dans les intelligences même lettrées, et, à plus forte raison, dans la masse inculte, il n'y a plus de poètes populaires, il est insensé de supposer qu'il puisse en exister. Les seules voix qui chantent ne montent plus de la multitude; elles tombent de hauteurs inaccessibles au vulgaire et viennent se perdre sans écho dans le bruit des locomotives et le hurlement de la Bourse. Désormais l'Art est forcément désintéressé des préoccupations contemporaines; la rupture est définitive entre la foule et lui.

La civilisation moderne tout entière en est là. Rien de plus naturel et de plus inévitable. Les âmes ne sont plus mises en relation, directe ou indirecte, ni par les passions morales qui se heurtaient à la terreur du châtiment ou à l'espérance du salut ; passions d'autant plus fortes, plus ardentes et plus vivantes, que cette terreur et cette espérance étaient imposées par la Foi. Or, la tolérance moderne, à peu près universelle, née d'une indifférence profonde, est un dissolvant plus sûr que l'oppression. D'un autre côté, le mouvement formidable de la Révolution française, trop foudroyant et trop promptement enrayé, n'a rien produit dans l'Art. Nous n'aimons pas assez la liberté pour que le goût capricieux qu'elle nous inspire puisse nous relier énergiquement dans une exaltation commune et durable.

Cependant, voici que la France du dix-neuvième siècle possède, affirme-t-on, un grand poète populaire et national, mort hier, en qui revit l'âme de tout un peuple. C'est le chansonnier de *Lisette*, de *Margot*, de *Catin* et du *Dieu des bonnes gens*. Si cette affirmation incroyable est fondée, non seulement les réflexions qui précèdent sont fausses, mais encore, ce qui est plus grave, l'âme du peuple français contient en vérité peu de chose. Rassurons-nous. Rien ne revit dans ces maigres pamphlets à refrains, pauvrement conçus, pauvrement écrits, si ce n'est l'inutile souvenir de vieilles et puériles polémiques étrangères à la poésie.

Le génie de Béranger est à coup sûr la plus complète des illusions innombrables de ce temps-ci, et celle à laquelle il tient le plus ; aussi ne sera-ce pas un des moindres étonnements de l'avenir, si toutefois l'avenir se préoccupe de questions littéraires, que ce curieux enthousiasme attendri qu'excitent ces odes-chansons qui ne sont ni des odes ni des chansons. L'homme était bon, généreux, honnête. Il est mort plein de jours, en possession d'une immense sympathie publique, et je ne veux, certes, contester aucune de ses vertus domestiques ; mais je nie radicalement le poète aux divers points de vue de la puissance intellectuelle, du sentiment de la nature, de la langue, du style et de l'entente spéciale du vers, dons précieux, nécessaires, que lui avaient refusés tous les dieux, y compris le *dieu des bonnes gens* qui, du reste, n'est qu'une divinité de cabaret philanthropique.

Où réside donc le secret de cette gloire populaire incontestable et incontestée ? Dans le manque absolu d'originalité non moins que dans l'absence de poésie qui caractérisent l'homme et l'œuvre.

Je m'explique.

Les marques constitutives de l'originalité d'esprit sont diamétralement différentes, en France, de celles admises par les autres nations, sauf la race chinoise peut-être. Les aperçus ingénieux, les formes nouvelles, les conceptions individuelles qui demandent à la pensée comme un labeur quelconque, sont autant de vices intellectuels que nous stigmatisons volontiers, et d'une façon unanime, du nom injurieux d'excentricités, c'est-à-dire de monstrueuses échappées hors de l'orbite connue, fatale.

Pour me servir, avec quelque pudeur offensée, d'une locution très française et très significative, rien n'est écouté, n'est regardé, n'est accepté, n'est compris, qui ne soit, après mille négations, mille angoisses, mille misères, irrévocablement tombé dans le domaine public. Alors, mais seulement alors, nous avons conquis nos titres à l'originalité. Plus on creuse cet horrible non-sens, plus l'abîme est noir et profond. L'auteur du *Roi d'Yvetot* n'est pas tombé dans le domaine public, il y est né, il y a vécu, il y triomphe.

Esprit médiocre, rusé sans finesse, malicieux sans verve et sans gaieté, sous le couvert d'une sorte de bonhomie sentimentale, et mené en laisse par ce bon sens bourgeois qui l'a toujours guidé, dans le cours d'une longue vie, avec l'infaillibilité de l'instinct; conformant sans efforts, et en tout point, les parties successives de son œuvre à l'opinion moyenne; dénué d'études historiques, métaphysiques, religieuses; très hostile, de nature et de parti pris, à la grande poésie anglaise, allemande, orientale, ainsi qu'à notre propre naissance littéraire, Béranger, on peut l'affirmer, n'a jamais pensé, rêvé, jamais entrevu l'Art dans sa pure splendeur, jamais écrit que sous l'obsession permanente des étroites exigences de sa popularité.

Manquant de souffle et d'élan, parlant une langue sénile, terne et prosaïque, se servant avec une incertitude pénible d'un instrument imparfait, emprisonné dans un pauvre et grossier déisme sans lumière et sans issue, aucun homme ne devait charmer, et n'a charmé en effet, à un égal degré, la multitude des intelligences paresseuses, ennemies de la réflexion et des recherches spéculatives ; aucun homme, enfin, n'a été moins original dans le vrai sens du terme. Et c'est pour cela que, de Canton à Lima, d'Arkangel au cap de Bonne-Espérance, sur la face du globe, partout où la langue française est comprise ou traduite, il n'est qu'une seule gloire qui puisse balancer la sienne, celle de l'illustre Scribe. On le voit, nous n'avons même pas le privilège d'un goût inférieur au goût général ; nous sommes au niveau de l'inintelligence universelle.

Une telle célébrité, débordant nos frontières et acclamée par des peuples dont pas un ne nous aime et dont plusieurs nous détestent cordialement, démontre assez, ce me semble, que le patriotisme de Béranger n'entre pour rien dans l'admiration incompréhensible qu'on lui voue. Les raisons de cette admiration sont de trois sortes : les idées appartiennent au fonds commun ; la langue dans laquelle elles sont exprimées n'a point de caractère propre ; les vers diffèrent peu de la prose courante et sont incolores, sourds et mal construits. Il n'en faut pas davantage pour n'irriter personne et se faire comprendre de tous.

Je me résume donc. Béranger n'est ni un poète national ni un grand artiste. Il avait les qualités solides et modérées d'un « honnête homme qui aime son pays »; mais les sentiments patriotiques, très vénérables en eux-mêmes, sont impuissants à créer un poète, impuissants à enseigner le génie de l'Art, qui ne se communique ni ne s'acquiert. L'amour de la patrie, le dévouement à la liberté, ont produit des actes héroïques dans toutes les races et dans tous les siècles; qui en doute et qui ne s'en émeut? Mais outre que le célèbre chansonnier n'a commis, que je sache, aucune action héroïque, l'Esprit souffle où il veut, et les mystérieux trésors de la Poésie ne sont pas le salaire obligé des vertus morales.

II

LAMARTINE

Nous passons du néant à la vie, de Béranger à l'auteur des *Méditations*, des *Harmonies*, de *Jocelyn*, des *Recueillements* et de *la Chute d'un Ange*. Entre ces deux esprits, il y a l'inexprimable distance qui sépare un sens commun très vulgaire, très étroit, au niveau du sol, une nature essentiellement bornée et anti-lyrique, d'une imagination noble, élevée, flottante, marquée de quelques traits saisissants de génie et touchant à la superficie des choses avec éclat.

Mon sincère respect pour certaines parties de l'œuvre de M. de Lamartine, et la certitude où je suis de ne méconnaître aucune de ses remarquables facultés, me permettraient une franchise entière, même dans l'hypothèse toute gratuite que j'eusse le dessein d'être moins sincère que prudent. Mes réserves, d'ailleurs, n'exerceront point d'influence sur les nombreux admirateurs de ces inspirations incomplètes, mais presque toujours hautes et pures. Je n'oublie pas que la critique d'art est vaine en soi, qu'elle n'enseigne rien et ne modifie rien. Il ne s'agit ici que de penser librement.

C'est ce que je vais faire.

M. de Lamartine est arrivé à la gloire sans lutte, sans fatigue, par des voies largement ouvertes. Ses premières paroles ont ému les âmes attentives et bienveillantes au moment propice, ni trop tôt ni trop tard, à l'heure précise où il leur a plu de s'attendrir sur elles-mêmes, où la phtisie intellectuelle, les vagues langueurs et le goût dépravé d'une sorte de mysticisme mondain attendaient leur poète. Il vint, chanta et fut adoré. Les germes épidémiques de mélancolie bâtarde qu'avait répandus çà et là *la Chute des feuilles* se reprenaient à la vie et s'épanouissaient au soleil factice du *Génie du Christianisme*. Le grand Byron, mille fois plus religieux et plus tourmenté de toutes les inquiétudes sublimes, achevait alors d'écrire ses poèmes immortels au milieu des huées et des anathèmes imbéciles. Le jeune et indifférent auteur des *Méditations* eut l'irréparable malheur de réprimander avec une sévérité quelque peu puérile le poète de *Caïn* et de *Manfred*, aux applaudissements injurieux des niais et des hypocrites.

Il n'est pas bon de plaire ainsi à une foule quelconque. Un vrai poète n'est jamais l'écho systématique ou involontaire de l'esprit public. C'est aux autres hommes à sentir et à penser comme lui. Le culte de l'Art a ses initiateurs et ses prêtres qui mènent la multitude au temple et ne l'y suivent pas. J'en prends à témoin le plus énergique lutteur de ce temps-ci, la plus vigoureuse nature d'artiste que je sache, l'homme qui a soutenu pendant trente ans l'assaut incessant de la critique sans recul, sans arrêt, et qui assiste encore à son propre triomphe, plus fort qu'aux heures orageuses de sa jeunesse littéraire, maniant avec une certitude puissante l'instrument magnifique qu'il s'est forgé. Victor Hugo a conquis la gloire qui s'est offerte à l'auteur des *Méditations*. Je l'affirme donc résolument : la marque d'une infériorité intellectuelle caractérisée est d'exciter d'immédiates et unanimes sympathies. Que de noms à l'appui ! Béranger, Scribe, Delavigne, Paul Delaroche, Horace Vernet et tant d'autres. Aussi, M. de Lamartine, malgré ses brillantes qualités d'écrivain, n'est-il pas un artiste. Il n'en possède ni les dons créateurs ni le sens objectif. Les incroyables jugements qu'il a portés sur André Chénier et sur La Fontaine témoigneraient seuls, au besoin, de l'exactitude du fait, si son œuvre propre ne le démontrait surabondamment.

Le vers des *Méditations,* ample et mou, n'a ni ressort ni flamme. La lymphe en gonfle les contours onctueux. Son énervement le contraint de s'en remettre au vers qui le suit du soin de le soutenir, et tous fondent l'un dans l'autre, à pleine strophe. La pensée qu'ils expriment participe nécessairement de leur vague confusion. Le poète se demande à satiété ce que peuvent être le temps, le passé, Dieu et l'éternité ; mais il ne se répond jamais, par l'excellente raison qu'il s'en inquiète assez peu. Ce sont des lieux communs propices à des développements indéterminés. Il en résulte que la mélopée lyrique en elle-même n'est plus qu'une longue lamentation musicale non rythmée qui se noie finalement dans les larmes. On sait que les larmes sont d'un usage constant et obligé dans l'école lamartinienne. Mais qu'on ne s'attendrisse pas trop. Le cœur est dur si l'esprit est tendre. L'héroïque bataillon des élégiaques verse moins de pleurs réels que de rimes insuffisantes. Le goût public les encourage dans l'exercice de cette profession immorale dont le premier mérite est d'être à la portée de tous.

Dans les *Harmonies*, le souffle grandit, le vers est d'une trempe meilleure, mieux construit, plus sonore, moins sacrifié à l'ensemble de la strophe, la pensée s'élève et s'accentue. Il y a ici un éclat et un mouvement lyriques très supérieurs à tout ce qu'on admire dans les *Méditations*. C'est pour cela sans doute que les lecteurs enthousiastes mettent *le Lac* fort au-dessus de *Novissima Verba*. Ceci était inévitable. Le succès moins retentissant des *Harmonies* explique leur plus haute valeur d'art. L'assentiment général va d'instinct aux choses dont le relief ne dépasse pas le niveau commun. J'entends parler ici d'un public choisi, lettré, et, qui plus est, doué d'une certaine compréhension du Beau ; car les *Méditations* ne sont pas moins inaccessibles que les *Harmonies* elles-mêmes aux adorateurs du *Dieu des bonnes gens*. La célébrité de M. de Lamartine n'est point de la popularité. Un poète ne saurait être populaire, en France, qu'à cette inexorable condition de rimer des chansons à boire ou de combiner les palpitantes péripéties de quelque complainte immonde. L'espace où se meut l'imagination de M. de Lamartine s'étend bien au delà des perceptions de la foule ; mais, en revanche, il est familier à cet autre vulgaire mondain, pour qui la sphère de l'Art est fermée et qui a retrouvé, dans *Jocelyn*, les émotions débilitantes qui lui conviennent.

Ce poème est la révélation complète d'une nature d'esprit qui, je l'avoue, me blesse et m'irrite dans toutes mes fibres sensibles. Sauf de rares morceaux pleinement venus, il y a dans ce gémissement continu une telle absence de virilité et d'ardeur réelle, cette langue est tellement molle, efféminée et incorrecte, le vers manque à ce point de muscles, de sang et de nerfs, qu'il est impossible d'en poursuivre la lecture et l'étude sans un intolérable malaise. Jocelyn n'aime ni son Dieu ni sa maîtresse ; ses actes ne sont déterminés ni par la volonté ni par la passion ; il cède à tous les souffles qui l'atteignent et flotte perpétuellement du désespoir à la résignation, sans se résoudre à rien. Laurence est plus nulle encore que son déplorable amant. L'immense succès de ce roman donne, en dernier lieu, la mesure de ce qu'il vaut.

Mais je n'insiste pas. M. de Lamartine a fait mieux que les *Méditations* et que *Jocelyn,* mieux que les *Harmonies;* il a écrit *la Chute d'un Ange.* Mon sentiment à ce sujet est celui du très petit nombre, je le sais. La critique, d'ordinaire si élogieuse, a rudement traité ce poème, et le public lettré ne l'a point lu ou l'a condamné. La critique et le public sont des juges mal informés. Les conceptions les plus hardies, les images les plus éclatantes, les vers les plus mâles, le sentiment le plus large de la nature extérieure, toutes les vraies richesses intellectuelles du poète sont contenues dans *la Chute d'un Ange.* Les lacunes, les négligences de style, les incorrections de langue y abondent, car les forces de l'artiste ne suffisent pas toujours à la tâche ; mais les parties admirables qui s'y rencontrent sont de premier ordre.

En relisant ces vers, oubliés de l'auteur lui-même, aujourd'hui absorbé par un travail effréné de prose hâtive, je cherche à me rendre compte du dédain singulier qu'il professe pour la Poésie, à laquelle il doit toute sa renommée. Est-ce un excès de fatuité, est-ce une perturbation mentale ? Est-ce le désir de plaire à la race impure des Philistins modernes ? Rien de cela. La sincérité de ce dédain est entière. M. de Lamartine n'est pas né croyant : c'est un esprit radicalement sceptique. La foi, l'amour, la poésie n'ont été pour lui que des matières d'amplifications brillantes. S'il n'en était pas ainsi, jamais ces tristes blasphèmes ne seraient tombés de ses lèvres. On peut brûler, on peut maudire ce qu'on a adoré, mais on ne l'avilit qu'en s'avilissant soi-même. Aucun, s'il n'est frappé de démence, ne peut nier la lumière que ses yeux ont une fois contemplée. Or, M. de Lamartine est en pleine possession de sa raison ; s'il dédaigne, s'il nie, c'est qu'il ne voit ni ne croit. Son irresponsabilité ne fait pas doute.

Imagination abondante, intelligence douée de mille désirs ambitieux et nobles, mais changeants, plutôt que d'aptitudes réelles ; nature d'élite, destinée heureuse, éclatante, qui s'est levée dans un ciel pur et beau comme elle-même, et qui se dissipe maintenant dans une nuée sombre avant de descendre sous l'horizon ; homme rare assurément, poète souvent très admirable, M. de Lamartine laissera derrière lui, comme une expiation, cette multitude d'esprits avortés, loquaces et stériles, qu'il a engendrés et conçus, pleureurs selon la formule, cervelles liquéfiées et cœurs de pierre, misérable famille d'un père illustre.

Qu'est-ce donc que l'auteur des *Harmonies* et de *la Chute d'un Ange* ? Que lui a-t-il manqué pour être un très grand poète, l'égal des plus grands ? Il lui a manqué l'amour et le respect religieux de l'Art. C'est le plus fécond, le plus éloquent, le plus lyrique, le plus extraordinaire des amateurs poétiques du dix-neuvième siècle ; mais le goût ardent, le désir puissant du Beau n'en valent point la passion absolue et satisfaite, et nul ne possède la Poésie, s'il n'est exclusivement possédé par elle.

III

VICTOR HUGO

Les professeurs de rhétorique enseignent qu'il y a, dans l'histoire intellectuelle de chaque peuple, un temps de plénitude et de repos où l'esprit national goûte une entière satisfaction de soi-même. Toute sa puissance génératrice s'est manifestée en des œuvres qu'il estime parfaites; il possède l'idéal et ne peut plus que décroître. En France, à ce qu'il semble, cette époque maîtresse, cet âge d'or littéraire embrasse deux siècles, le dix-septième et le dix-huitième.

Ceci est une vérité de foi, une conviction profondément enracinée, aussi inébranlable de nos jours qu'elle était intacte il y a soixante ans. Il est faux que le dogme de la liberté dans l'art ait triomphé, et qu'une réconciliation sincère ait apaisé les haines récentes. L'éclectisme actuel, représenté par la critique, n'est dû qu'à l'indifférence publique et à l'énervement des caractères. En réalité, l'influence de notre renaissance moderne a été nulle sur l'esprit français, et les professeurs de rhétorique disent vrai. Les deux siècles qui viennent de s'écouler offrent en effet le complet épanouissement du génie littéraire de notre nation. Ne suffit-il pas, pour s'en convaincre, de remarquer que ces deux cents années n'ont produit aucun poète lyrique digne de ce nom? L'admirable auteur de *l'Aveugle* n'appartient à son temps ni par l'inspiration ni par la facture et la qualité du vers. Après Malherbe, les merveilleux artistes de la Pléiade ont été oubliés; après J.-B. Rousseau et Le Franc de Pompignan, Victor Hugo ne sera jamais un poète national.

Certes, je l'en glorifie pour ma part. Le titre est beau, porté par Shakspeare et par Dante, mais l'ambition légitime du génie doit y renoncer quand on le décerne à des rimeurs vulgaires, ou pis encore, à des ménétriers d'occasion. Le prince des lyriques contemporains n'a-t-il pas pour fonction supérieure de sonner victorieusement, dans son clairon d'or, les fanfares éclatantes de l'âme humaine en face de la beauté et de la force naturelles? Un souffle de cette vigueur mettrait en pièces les mirlitons nationaux si chers aux oreilles obstruées de refrains de guinguette.

L'œuvre de cet homme, à qui nous devons tant, nous tous qui possédons l'amour du beau et la haine solide de la platitude et de la banalité, œuvre immense déjà et sans cesse en voie d'accroissement, nous offre le spectacle d'un esprit très mâle et très individuel, se dégageant de haute lutte, et par bonds, des entraves communes, toujours plus certain du but marqué, embrassant d'année en année une plus large sphère par le débordement magnifique de ses qualités natives et de ses défauts aussi extraordinaires, mais qui, par leur nature même, commandent encore une sorte de vénération. On se sent en présence d'une volonté puissante conforme à une destinée, ce qui est la marque du génie. Dans le monde de l'art, en effet, la recherche latente ou consciente de cet accord définitif constitue le travail interne, nécessaire, de tout esprit bien doué. Quand la conformité s'accomplit, l'artiste est complet.

Tel qu'il nous apparaît, tel que nous l'admirons dans l'ensemble de ses poèmes, des *Orientales* à la *Legende des Siècles,* Victor Hugo s'impose à toute intelligence compréhensive comme une force vivante, à la fois volontaire et fatale. Il est donc inévitable qu'il s'affirme et que le sens des objections puériles de la critique lui échappe. Le bourdonnement de ces mouches l'irrite à bon droit. Il est ce qu'il est. Les piqûres envenimées, les insultes, les négations, ses propres efforts au besoin, ne le transformeront pas. On ne fera pas de cet aigle un volatile de basse-cour; on n'attellera pas ce lion à l'omnibus littéraire. Le prétendu orgueil du grand poète n'est autre chose, au fond, que l'aveu pur et simple qu'il est Victor Hugo. Ce qui est incontestable.

L'auteur des seuls chefs-d'œuvre lyriques que la poésie française puisse opposer avec la certitude du triomphe aux littératures étrangères, l'écrivain qui a rendu à notre langue rhythmée la vigueur, la souplesse et l'éclat dont elle était destituée depuis deux siècles, mérite toute la gratitude des poètes et tout le respect des rares intelligences qui aiment et comprennent encore le Beau. C'est un esprit excessif, qui le nie ? Il se déclare tel lui-même. Ce sont de véritables excès que *les Rayons et les Ombres, les Contemplations, la Légende des Siècles,* et quels excès ! J'avoue volontiers que les saines doctrines académiques s'en accommodent peu. Les jets d'eau de nos jardins publics ont aussi plus de retenue et de mesure que les éruptions volcaniques ; mais j'ose avancer, avec la timidité convenable, que celles-ci ont un caractère plus saisissant que ceux-là. Nous habitons un climat tempéré, nous sommes honnêtes et modérés, nous ne sommes ni grands ni petits, nous sommes doués du bon sens gaulois ; mais, hélas ! la poésie est un excès dont nous ne nous rendrons jamais coupables. La virtuosité du peuple français est et sera toujours une chimère éternelle, car, dans le monde de l'art, le peuple français est aveugle et sourd.

Victor Hugo voit et entend. Le regard qu'il jette sur la nature est large et profond ; son œil saisit le détail infini et l'ensemble des formes, des couleurs, des jeux d'ombre et de lumière. Son oreille perçoit les bruits vastes, les rumeurs confuses et la netteté des sons particuliers dans le chœur général. Ces perceptions diverses, qui affluent incessamment en lui, s'animent et jaillissent en images vivantes, toujours précises dans leur abondance sonore, toujours justes dans leur accumulation formidable ou dans leur charme irrésistible. Qu'importent les scories qui se mêlent à cette lave! Elles s'y consument et s'y engloutissent.

Gardons-nous de croire, comme la multitude des esprits superficiels, que le grand artiste ne possède cette vision complète de la beauté objective qu'au détriment de la réflexion. Ce serait, en vérité, quelque chose d'inexplicable. Avoir des idées et mal écrire sont, en France, deux termes corrélatifs. Si la faculté intuitive est prédominante chez le poëte, il ne perçoit, ne compare et ne juge qu'avec plus de promptitude et d'intensité. L'antithèse et l'ellipse donnent à l'expression de sa pensée une profondeur concise qui trouble les intelligences peu averties; il ne leur manque guère, pour être équitables, que de bien connaître le génie de la langue qu'elles entendent parler.

Il faut réduire à ce qu'elle vaut cette prétention comique, propre aux Français, de penser et d'exiger qu'on pense. Le bon sens national, ce fonds inaliénable, contient une certaine somme de notions stéréotypées dont le nombre s'accroît en raison inverse d'une déperdition de sagacité. Nous sommes de ceux qui étudieraient volontiers le soleil, en plein midi, à la lueur d'une lanterne. Descartes et Malebranche,

Kant et Schelling, ces penseurs abstraits, sont-ils mieux compris et goûtés que les grands poètes? Si nous avouons sans peine notre inaptitude à saisir les vérités métaphysiques, comment se fait-il que personne n'hésite à juger sans appel l'œuvre poétique, infiniment plus spéciale encore? On répond : Les grandes pensées viennent du cœur, la vraie poésie est un cri du cœur, le génie réside tout entier dans l'émotion cordiale ressentie et communiquée. Soit, mais la difficulté subsiste, puisque cette émotion s'exprime dans la langue sacrée qui ne vous est ni sympathique ni familière.

Les sentiments tendres, les délicatesses même subtiles, acquièrent en passant par une âme forte une expression souveraine, parce qu'elle est plus juste. C'est pour cela que la sensibilité des poètes virils est la seule vraie. Je n'ai nul besoin de rappeler les preuves multipliées que Victor Hugo nous a données de cette richesse particulière de son génie. Ceux qui l'ignorent et ceux qui la méconnaissent, s'ils existent, ne valent pas qu'on se préoccupe de leur incurie ou de leur obstruction mentale. Le vers plein d'éclat et de sonorité, habituel au grand lyrique, s'empreint ici d'une grâce et d'un charme inattendus. En dernier lieu, non seulement l'artiste sans pareil vivifie ce qu'il voit, ce qu'il entend, ce qu'il touche, mais, par surcroît, il excelle à exprimer avec précision ce qui est vague dans l'âme et confus dans la nature. Comme dans la légende orphique, l'herbe, l'arbre, la pierre, souffrent, pleurent, parlent, chantent ou rêvent; le sens mystérieux des bruits universels nous est révélé. Toutes les cordes de cette lyre vibrent à l'unisson.

Quand les pluies de la zone torride ont cessé de tomber par nappes épaisses sur les sommets et dans les cirques intérieurs de l'île où je suis né, les brises de l'Est vannent au large l'avalanche des nuées qui se dissipent au soleil, et les eaux amoncelées rompent brusquement les parois de leurs réservoirs naturels. Elles s'écroulent par ces déchirures de montagnes qu'on nomme des ravines, escaliers de six à sept lieues, hérissés de végétations sauvages, bouleversés comme une ruine de quelque Babel colossale. Les masses d'écume, de haut en bas, par torrents, par cataractes, avec des rugissements inouïs, se précipitent, plongent, rebondissent et s'engouffrent. Çà et là, à l'abri des courants furieux, les oiseaux tranquilles, les fleurs splendides des grandes lianes se baignent dans de petits bassins de lave moussue, diamantés de lumière. Tout auprès, les eaux roulent, tantôt livides, tantôt enflammées par le soleil, emportant les îlettes, les tamariniers déracinés qui agitent leurs chevelures noires et les troupeaux de bœufs qui beuglent. Elles vont, elles descendent, plus impétueuses de minute en minute, arrivent à la mer, et font une immense trouée à travers les houles effondrées.

Il y a quelque chose de cela dans le génie et dans l'œuvre de Victor Hugo.

IV

ALFRED DE VIGNY

La tâche que je me suis donnée exige quelque courage et plus de désintéressement qu'on ne pense. Il me sera désormais prouvé qu'il ne faut point heurter de front l'armée compacte des dupes littéraires, et que c'est une aventure dangereuse que de troubler, dans les mares stagnantes, la quiétude des grenouilles, jeunes et vieilles. A vrai dire, peu m'importait, et j'eusse mieux fait de garder le silence ; mais ce qui est commencé sera achevé. Me voici débarrassé, non sans peine, des renommées populaires et des gloires admises dans les institutions de petites filles. Je suis entré, par l'hommage rendu au génie de Victor Hugo, dans le monde des vrais poètes, et je n'en sortirai plus. Quant aux insultes imbéciles qui se sont soulevées autour de moi comme une infecte poussière, elles n'ont fait que saturer de dégoût la profondeur tranquille de mon mépris. Cela dit une fois pour toutes, j'aborde l'œuvre poétique d'Alfred de Vigny.

S'il n'existe qu'un seul moyen de conquérir la sympathie générale, il en est plusieurs de rester ignoré de la foule. On atteint aisément, avec une certitude mathématique, ce but peu envié, en se gardant de flatter jamais les goûts grossiers et les caprices du jour, de complaire aux vanités stériles et de feindre pour le jugement du public un respect dérisoire. Or, il n'y a de respectable, en fait de poésie, que le Beau, et ce qu'on nomme le public n'a point qualité pour en juger. Il ne mérite ni respect ni dédain, n'ayant point de droits à exercer, mais un devoir strict à remplir, qui est d'écouter et de comprendre. Comme le labeur intellectuel lui est odieux et qu'il n'est avide que de distractions rapides et superficielles, toute conception supérieure lui reste inaccessible. Cela est ainsi et s'est toujours produit. Il en résulte qu'Alfred de Vigny, particulièrement, est inconnu au plus grand nombre.

La nature de ce rare talent le circonscrit dans une sphère chastement lumineuse et hantée par une élite spirituelle très restreinte, non de disciples, mais d'admirateurs persuadés. C'est ce qu'un critique célèbre qui, lui aussi, a été un poète autrefois, entendait par la tour d'ivoire où vivait l'auteur d'*Eloa*. De ce sanctuaire sont sortis, avec une discrétion un peu hautaine à laquelle j'applaudis, ces poèmes d'une beauté pâle et pure, toujours élevés, graves et polis comme l'homme lui-même, et qui ne se sont empreints d'une amertume et d'un trouble contenus que dans *les Destinées*. Il ne faut pas demander sans doute à ces belles inspirations les grands aspects de mouvement et de couleur qui sont la marque des génies profonds et virils par excellence, ni même la certitude constante de la langue, la solidité du vers et la précision vigoureuse de l'image. Ce sont là des vertus d'art souvent refusées au poète; mais celles qui lui sont propres et qui ne lui font jamais défaut, l'élévation, la candeur généreuse, la dignité de soi-même et le dévouement religieux à l'art, suffisent à l'immortalité de son nom. Entre le grand prêtre qui sacrifie au maître-autel et l'orateur sacré dont l'éloquence véhémente alterne avec les plaintes majestueuses de l'orgue, il y a place, au fond du chœur réservé, pour la voix solitaire qui chante l'hymne mystique.

Le recueil des *Poèmes antiques et modernes* et celui des *Destinées* forment l'œuvre spécial d'Alfred de Vigny. En lui, le romancier, le moraliste et l'écrivain dramatique n'ont guère été que les échos affaiblis du poète, plus rapprochés de la foule, très remarquables sans doute, mais que je n'ai point à examiner. *Moïse, Eloa, le Déluge, la Colère de Samson, la Mort du Loup,* sont d'un ordre incontestablement supérieur à la prose du maître, quelque belle et sympathique qu'elle soit, non qu'il n'y ait ici peut-être une plus grande liberté d'allure, mais parce que la langue rhythmée, bien que moins assurée, appelle un sentiment plus exquis des choses et s'en empreint forcément. Le poème de *Moïse,* écrit en 1822, est un précurseur admirable déjà de ja Renaissance moderne, par la largeur de la composition autant que par l'abandon complet des formes surannées.

C'est une étude de l'âme, dans une situation donnée, il faut l'avouer, plutôt qu'une page vraie, intuitivement reconstruite, de l'époque légendaire à laquelle appartient la figure de Moïse; mais nous sommes encore, sur ce point, en présence de deux théories esthétiques opposées, entre lesquelles, pour cause personnelle, il ne m'appartient pas de décider ici. L'une veut que le poète n'emprunte à l'histoire ou à la légende que des cadres plus intéressants en eux-mêmes, où il développera les passions et les espérances de son temps. C'est ce que fait Victor Hugo dans *la Légende des Siècles.* L'autre, au contraire, exige que le créateur se transporte tout entier à l'époque choisie et y revive exclusivement. A ce dernier point de vue, rien ne rappelle dans le *Moïse* du poète le chef sacerdotal et autocratique de six cent mille nomades féroces errant dans le désert de Sinaï, convaincu de la sainteté de sa mission et de la légitimité des implacables châtiments qu'il inflige. La mélancolie du prophète et son attendrissement sur lui-même ne rappellent pas l'homme qui fait égorger en un seul jour vingt-quatre mille Israélites par la tribu de Lévi. La création du poète est donc toute moderne sous un nom historique ou légendaire, et, par suite, elle est factice ; mais elle est humaine aussi, puisque rien n'est humain qui n'appartienne au dix-neuvième siècle, disent les personnes autorisées en matière de critique. Peu importe, après tout, si les vers sont beaux, et ils sont parfois magnifiques.

La gloire d'Alfred de Vigny est communément attachée au poème d'*Eloa*. On sait l'histoire mystique conçue par le poète. Eloa est une Ange née d'une larme du Christ. Les confidences mystérieuses et inachevées qui lui sont faites sur la chute et l'exil éternel du plus puissant des Archanges l'émeuvent d'une immense pitié. Elle va chercher, au fond des sphères inférieures, Celui qui souffre et qu'elle veut consoler, et qui l'entraîne dans l'abîme. Cette conception est très indécise ; l'exécution en est d'une élégance un peu molle et onctueuse. Eloa rappelle de trop près certaines vignettes britanniques, et Satan joue, dans cette aventure céleste, un des rôles familiers à Don Juan. Une sorte de vapeur rose et lactée enveloppe, du premier vers au dernier, les péripéties gracieuses du poème, car la grâce perpétuelle est partout ; elle s'exhale de l'idée primitive, se répand sur le Tentateur lui-même, et ne l'abandonne point quand il se révèle tout entier à sa victime. Il était indispensable cependant de donner à cette conception flottante une armature de vigueur et de passion contenues. L'esprit se noie dans l'adorable monotonie de ces vers, charmants sans doute, mais d'un charme un peu fade. Ici l'extrême bienveillance et l'exquise politesse de l'homme ont nui au poète. *Moïse* est de beaucoup supérieur à *Eloa*.

On retrouve dans *le Déluge* la plupart des nobles qualités de ce premier poème et quelques-unes des faiblesses du second. Il ne faut pas relire *Caïn* et *Ciel et Terre* après les mystères bibliques d'Alfred de Vigny. La profondeur, l'éloquence, la passion, des élans lyriques d'une beauté suprême éclatent à chaque page du poète anglais, tandis qu'une incurable élégance énerve bien souvent les créations du poète français ; car il est visible que la timidité de l'expression ne rend pas, très fréquemment, la virilité de la pensée. On sent que l'artiste n'est point le maître despotique de son instrument. C'est la même main cependant qui avait écrit *la Dryade* et *Symétha*, deux idylles qui, par la facture savante du vers et par la composition générale, se rapprochent beaucoup des études antiques de Chénier, mais dont le sentiment est tout moderne, comme d'habitude. *La Dryade*, quoi qu'en dise l'auteur, ne rappelle en aucune façon Théocrite. En fait de tendresse et de mélancolie, le poète syracusain ne saurait lutter contre Alfred de Vigny ; il est rude et passionné ; ses paysages sont des études de nature vigoureuses et vraies, et quand il touche aux choses épiques, c'est avec une force et une hauteur peu communes. L'auteur de *la Dryade* et de *Symétha*, dont il faut reconnaître tout d'abord l'habileté rhythmique, serait plutôt un Florian sublime qui atteint presque Chénier et procède de Virgile, mais non de Théocrite.

Des trois livres qui composent ce premier recueil, le Livre mystique est le plus remarquable, sans contredit. Je me refuse absolument à comprendre le titre général donné aux cinq morceaux qui suivent. L'Antiquité homérique n'a rien de commun avec *la Dryade, Symétha, la Somnambule* et *le Bain d'une Dame romaine*. En admettant que le sentiment humain, c'est-à-dire moderne, doive prédominer sans cesse, à quoi bon se mettre sous l'invocation d'Homère, ici plutôt qu'ailleurs? Je l'ignore et renonce à le deviner jamais. C'est un pur caprice sans raison d'être. Alfred de Vigny, semblable en ceci au plus grand nombre des poètes contemporains, n'avait aucun sens intuitif du caractère particulier des diverses antiquités. Il ne lui était pas donné de dégager nettement l'artiste de l'homme, et de se pénétrer à son gré des sentiments et des passions propres aux époques et aux races disparues. Si poète veut dire créateur, celui-là seul est un vrai poète qui donne à ses créations la diversité multiple de la vie, et devient, selon qu'il le veut, une Force impersonnelle. Shakspeare était ainsi. Qu'on veuille bien ne pas se hâter de conclure de ce qui précède que je nie l'art individuel, la poésie intime et cordiale. Je ne nie rien, très dissemblable à la multitude de ceux qui s'enferment en eux-mêmes et se confèrent la dignité de microcosme.

L'auteur d'*Eloa*, après de longues années de silence, nous a laissé le recueil posthume des *Destinées*. Ces dernières compositions révèlent, dans leur ensemble, un affaiblissement notable, une décoloration marquée de ce beau talent, si pur et si élevé ; mais on y rencontre deux poèmes superbes, les plus saisissants qui soient tombés d'une âme noble et généreuse, secrètement blessée de l'inévitable impopularité qui s'attache, en France, à toute aristocratie intellectuelle. *La Mort du loup* est un cri de douleur autrement fier et viril que les lamentations élégiaques acclamées par la foule contemporaine, et *la Colère de Samson* est une pièce sans égale dans l'œuvre du poète. C'est très beau et très complet. De tels vers rendent plus vifs, par l'admiration qu'ils inspirent, les regrets dont nous saluons la mémoire respectée d'Alfred de Vigny. Ceux de ses jeunes confrères qui ont eu l'honneur de le connaître n'oublieront jamais ni sa bienveillance charmante et inépuisable, ni son amour sans bornes de la Poésie, cette vertu d'heure en heure plus dédaignée.

Il faut, enfin, estimer pleine et heureuse la destinée d'un homme riche de facultés exquises, qui a vécu dans une retraite studieuse et volontaire, absorbé par la contemplation des choses impérissables, et qui s'est endormi fidèle à la religion du Beau. Son nom et son œuvre n'auront point de retentissement vulgaire, mais ils survivront parmi cette élite future d'esprits fraternels qui auraient aimé l'homme et qui consacreront la gloire sans tache de l'artiste.

V

AUGUSTE BARBIER

On stigmatise volontiers la théorie de l'art pour l'art, dans cette heureuse époque de l'industrie littéraire en pleine culture, de succès bouffons, de prédications utilitaires et de recettes destinées à l'amélioration des espèces bovine, ovine, chevaline et humaine. Il faut espérer que les derniers poètes seront bientôt morts et qu'il leur sera épargné du moins d'assister au triomphe définitif des cuistres de la rime et de la prose qui, d'ailleurs, usurpent impudemment le titre de moralistes, à défaut de tout autre, sans doute.

Le vrai moraliste applique à l'étude des mœurs, dans leur noblesse et dans leur dépravation, des facultés diversement compréhensives, fines, énergiques, profondes. Son œuvre est un miroir dont la netteté fait le prix. Que chacun s'y regarde et s'y reconnaisse, pour peu qu'il y tienne. Mais le moraliste ne corrige point les mœurs, et, par suite, il ne prêche point, parce qu'il n'appartient à qui que ce soit d'enseigner l'héroïsme aux lâches et la générosité aux âmes viles, non plus que l'esprit aux niais et le génie aux imbéciles. Il serait aussi facile aux chimpanzés de donner des leçons de zend et de sanscrit à leurs petits. « Maître de l'éducation, maître du genre humain, » a dit Leibnitz. Rien de plus communément accepté, rien de plus faux. Les hommes ne se pétrissent pas entre eux comme des morceaux de terre glaise.

Le poète satirique est un moraliste par excellence, pourvu qu'il ne s'abaisse pas au niveau des excitateurs à la vertu par l'appât des mauvaises rimes, lesquelles manquent rarement leur effet fascinateur sur les natures vicieuses. Dès qu'il cède à cette tentation déplorable et qu'il monte en chaire, l'artiste meurt en lui, sans profit pour personne ; car il n'existe d'enseignement efficace que dans l'art qui n'a d'autre but que lui-même. Hors la création du beau, point de salut. Les impuissants seuls professent au lieu de créer. Ils ignorent, ou feignent d'ignorer que la beauté d'un vers est indépendante du sentiment moral ou immoral, selon le monde, que ce vers exprime, et qu'elle exige des qualités spéciales, extra-humaines en quelque sorte.

Mettre en relief et en lumière, avec vigueur, justesse et précision, les vices et les ridicules individuels ou sociaux, voilà l'unique mission du satirique. Du reste, qu'il use en pleine et absolue liberté de toutes ses ressources ; qu'il soit, à son gré, grave, éloquent, bouffon, brutal, spirituel, passionné : l'espace sans frontières de la poésie est à lui. S'il se garde d'attacher son nom aux faits étroitement contemporains et de le laisser clouer, en guise d'écriteau, sur un événement quelconque, souvent insignifiant et même ridicule à certains égards, tel que la révolution de 1830, par exemple ; s'il possède les vertus propres à la poésie, c'est-à-dire la puissance de généraliser, l'emportement lyrique et la certitude de la langue ; si le vers est de trempe solide, habile, voulu, non sermonneur et vierge de plates maximes à l'usage du troupeau banal, tout est bien. On ne peut assez louer l'indignation qui fait des vers irréprochables ; sinon, non. L'enfer catholique est, dit-on, pavé de bonnes intentions ; la géhenne des poètes aussi.

Il est entendu que ceci s'adresse infiniment moins à Auguste Barbier, que nul n'admire plus que moi, là où il est admirable, qu'aux juges ordinaires et peu informés, de la poésie contemporaine.

Entre toutes les passions qui sont autant de foyers intérieurs d'où jaillit la satire, la passion politique est une des plus âpres et des plus fécondes. Haine de la tyrannie, amour de la liberté, goût de la lutte, ambition de la victoire ou du martyre, tout s'y donne rendez-vous et s'y rencontre. Les forces de l'âme s'y retrempent et l'ardeur du combat s'y ravive. Je ne pense pas que ceci soit contestable. Cependant, l'auteur des *Iambes* n'a jamais témoigné, que je sache, de convictions politiques accusées. Cette source lui fait donc défaut, et l'estampille démocratique dont on l'affuble lui va fort mal, malgré la Liberté de *la Curée*, cette forte femme qui ne prend ses amours que dans la populace. On pourrait même affirmer, d'après certain passage du très vieil anathème de *l'Idole*, que les monarchies débonnaires satisfont complètement son idéal. Je n'en blâme l'homme en aucune façon, mais le satirique en souffre. Avec le goût honnête et louable de l'ordre dans la liberté, il n'a forcément ni colère, ni fanatisme, ni amertume profonde. Ce don terrible de la raillerie ne lui a point été accordé. Juvénal était moins raisonnable.

Il n'est donc pas impossible de démêler, dans l'œuvre générale du poète, sous la violence et la crudité des termes, un esprit timide et un caractère indécis. Les *Odelettes* et les *Sylves* indiquent peut-être moins une décadence qu'un retour au vrai tempérament de l'auteur. Au fond, et en réalité, c'est un homme de concorde et de paix, revêtu de la Peau de Némée. Il est vrai que les poils du lion l'enveloppent souvent de telle sorte qu'on s'y trompe. Mais l'iniquité serait grande de juger Auguste Barbier sur ses dernières poésies. Certes, les *Iambes* et surtout *Il Pianto* renferment d'admirables choses. Il y a là une éruption de jeunesse pleine parfois d'énergie et d'éclat, bien que de trop fréquentes défaillances en rompent le jet vigoureux. Que de vers superbes, spacieux, animés d'un mâle sentiment de nature et se ruant à l'assaut des hautes périodes ! Mais aussi que de vers asthmatiques, blêmes, épuisés, n'en pouvant plus !

On a particulièrement loué Barbier, et c'était inévitable, de cette spontanéité inconstante et de ce détachement naïf de toute préoccupation d'art qui caractérisent, prétend-on, les poètes sincères. Point de système, point de métier, une pure éloquence naturelle ; des rimes imparfaites, des négligences, des incorrections, rien du versificateur. Je doute que l'auteur de ce vers magnifique sur Gœthe :

Artiste au front paisible avec des mains en feu,

soit très flatté de ces louanges ineptes. Mais ici, comme toujours, la critique courante parle de ce qu'elle ignore. La haine, l'envie et l'outrecuidance perturbent ce qui lui reste d'entendement. Si le poète est avant tout une nature riche de dons extraordinaires, il est aussi une volonté intelligente qui doit exercer une domination absolue et constante sur l'expression des idées et des sentiments, ne rien laisser au hasard et se posséder soi-même dans la mesure de ses forces. C'est à ce prix qu'on sauvegarde la dignité de l'art et la sienne propre. Quant à ceux qui s'enorgueillissent de n'être que de simples machines à vers, et dont l'ambition consiste à devenir quelque trompette publique, pendue à l'angle des rues, et dans laquelle soufflent le vent et la multitude, je les abandonne de grand cœur aux applaudissements de la critique. Auguste Barbier n'a rien de commun, assurément, avec cette lie des poètes. Ce n'est point un quêteur de réclames et de popularité.

Nul, j'en suis convaincu, n'est plus religieusement épris du beau et de la perfection ; nul n'y tend avec plus de sincérité. Mais on ne réalise pas toujours ses meilleures espérances. L'auteur d'*Il Pianto* blâmerait tout le premier, dans son œuvre, s'il les y découvrait, ces vers incorrects et incolores, ces rimes impossibles, ces maladresses d'exécution dont on lui fait un si étrange mérite, et qui, par malheur, abondent plus que jamais dans les poésies récemment publiées. Je n'en veux pour preuve que la sûreté de son goût critique en tout ce qui ne le concerne pas. Il sait qu'une œuvre d'art complète n'est jamais le produit d'une inspiration irréfléchie, et que tout vrai poète est doublé d'un ouvrier irréprochable, en ce sens du moins qu'il travaille de son mieux. Ses plus beaux poèmes ne sont donc pas involontaires. L'unique cause des chutes fréquentes de ce très remarquable talent, et qui n'en reste pas moins hors ligne, réside tout entière dans la préoccupation inféconde, générale, toujours aisément satisfaite, de l'enseignement moral. C'est la plaie secrète qui énerve et qui ronge les natures les plus mâles.

Auguste Barbier n'est donc pas un satirique complet et sans alliage. Sa modération native souffre des excès apparents de ses premières poésies. Il n'était pas homme à faire siffler longtemps, sur l'épaule des pervers et des sots, le fouet sanglant des Érinnyes; il n'a ni le souffle haletant ni la fureur de l'âpre et fougueux poète des *Tragiques,* qu'il rappelle parfois; mais il possède, à l'égal souvent de ses plus illustres confrères de la Renaissance moderne, le regard qui saisit du premier coup les magnificences naturelles et s'en pénètre. Les paysages empruntés de l'Italie en reproduisent avec ampleur les nobles horizons et la chaude lumière. Il voit les choses par les masses plus que par les détails, et il les voit bien, ce qui est un rare mérite. Malgré le parti pris exclusif qui assigne aux *Iambes* le premier rang parmi ses compositions, *Il Pianto* restera certainement son vrai titre de gloire. C'est là que le poète a renfermé les meilleurs vers qu'il ait dus à son amour sincère et désintéressé du Beau.

VI

*CHARLES BAUDELAIRE**

Les Fleurs du Mal. 2ᵉ édition, Paris, Poulet-Malassis.

Il y a un nombre prodigieux de natures perverses et imbéciles en ce monde. C'est une vérité lumineuse que nul n'a jamais niée, je présume, sauf les honorables personnes qui sont intéressées à n'en rien croire. Mais les prescriptions hygiéniques et thérapeutiques à l'usage de cette multitude malade sont du ressort de l'enseignement religieux. L'art n'a pas mission de changer en or fin le plomb vil des âmes inférieures, de même que toutes les vertus imaginables sont impuissantes à mettre en relief le côté pittoresque, idéal et réel, mystérieux et saisissant des choses extérieures, de la grandeur et de la misère humaines. L'art est donc l'unique révélateur du beau,

---

* *Revue Européenne.* Décembre 1861.

et il le révèle uniquement. Par suite, le royaume du beau n'ayant d'autres limites que celles qui lui sont assignées par l'étendue même de la vision poétique, que celle-ci pénètre dans les sereines régions du bien ou descende dans les abîmes du mal, elle est toujours vraie et légitime, exprimant pour tous ce que chacun n'est apte à connaître que par elle, et ne montrant rien à qui ne sait point voir. Aussi est-ce une démence inexprimable que de vouloir obstinément transformer les libres créations du génie individuel en une plate série de lieux communs, de maximes, de sentences, de préceptes, ou pis encore, de descriptions enthousiastes de mécaniques. Cette ardeur indécente et ridicule de prosélytisme moral, propre aux vertueuses générations parmi lesquelles la nôtre tient assurément la première place, non moins que cette étrange manie d'affubler de mauvaises rimes les découvertes industrielles modernes, sont des signes flagrants que le sens du beau, si profondément altéré déjà, tend à disparaître absolument.

Au milieu de l'affreuse confusion où les esprits s'agitent et se heurtent en face de l'indifférence publique, on distingue encore un groupe restreint de poètes fort paisibles qui poursuivent leur route, contre vent et marée, parfaitement sourds aux imprécations des uns et peu surpris du silence ahuri de la foule. Ce sont de vrais artistes, sans vanité misérable et sans rancunes puériles, convaincus et patients, patients à rompre le mutisme des imbéciles et à exténuer les poumons robustes des insulteurs. Un des mieux doués, également remarquable par l'originalité de ses conceptions et par la langue précise, neuve et brillante qu'il s'est faite, bien connu de ceux dont l'estime sérieuse ne fait jamais défaut aux fermes défenseurs de la vérité littéraire, M. Charles Baudelaire possède une personnalité nette et arrêtée qu'il affirme et qu'il prouve.

Doué d'un esprit très lucide, d'un tact très fin et d'une rare compréhensivité intellectuelle, l'auteur des *Fleurs du Mal*, des *Paradis artificiels* et de la traduction des œuvres d'Edgard Poe, a blessé violemment, tout d'abord, le sentiment public, non seulement dans celles de ses poésies qui touchaient à l'excès, mais aussi dans ses conceptions les plus réfléchies et revêtues des meilleures formes. Rien que de fort simple dans les deux cas. Nous sommes une nation routinière et prude, ennemie née de l'art et de la poésie, déiste, grivoise et moraliste, fort ignare et vaniteuse au suprême degré. Ce fait est malheureusement incontesté. A la vue de ce poète sinistre — le moins offensif et le plus poli des hommes, d'ailleurs — qui venait à nous, tel qu'un guerrier chinois, avec des tigres et des dragons écarlates peints sur le ventre, nous nous sommes irrités, non de l'ironie amère et méritée, mais du dessein que nous lui prêtions de nous épouvanter. La horde cruelle et inexorable des élégiaques échappés de la barque d'Elvire et les austères conservateurs de la pudeur critique ont poussé le même cri de détresse et d'horreur. Si l'irritation est une preuve d'action, M. Baudelaire, avouons-le, a pleinement atteint son but. La seconde raison de l'hostilité qu'il a soulevée autour de lui est non moins facile à donner : c'est un artiste fort original et fort habile, et ceci, au besoin, eût suffi, car nous n'aimons pas les habiles. Nous nous sommes fait, grâce à notre extrême paresse d'esprit qui n'a d'égale que notre inaptitude spéciale à comprendre le beau, un type immuable de versification en tout genre, quelque chose de fluide et de fade, d'une harmonie flasque et banale. Dès qu'un vers bien construit, bien rhythmé, d'une riche sonorité, viril, net et solide, nous frappe l'oreille, il est jugé et condamné, en vertu de ce principe miraculeux que nul ne possède toutes les puissances de l'expression poétique qu'au préjudice des idées, et qu'il ne faut pas sacrifier le fond à la forme. Nous ignorons, il est vrai, que les idées, en étymologie exacte et en strict bon sens, ne peuvent être que des formes et que les formes sont l'unique manifestation de la pensée ; mais une fois plongé dans l'abîme de l'absurde, s'il est aisé de s'y enfoncer toujours plus avant, à l'infini, il est à peu près impossible de remonter. Les poètes dignes de ce titre, ceux que nous aimons, se gardent bien d'être d'habiles artistes. Ils y parviendraient sans peine et sur l'heure, disent-ils, mais leur ambition est d'un ordre infiniment plus élevé. Ils puisent leur génie dans leur cœur, et s'ils daignent sacrifier au rhythme et à la rime, ils ne dissimulent point le mépris que ces petites nécessités leur inspirent, en composant, d'inspiration, des vers d'autant plus sublimes qu'ils sont plus mauvais. Nous les lisons peu cependant, car ce sont des vers, bien que mal faits, payant ainsi d'ingratitude ces chastes poètes qui consacrent à ce labeur infécond plus de veilles et d'huile qu'ils ne l'avouent. M. Charles Baudelaire n'est pas de cette force, assurément. Il tend sans cesse à la perfection tant dédaignée par l'élite poétique dont je viens de parler, et il y atteint le plus souvent.

Les Fleurs du Mal ne sont donc point une œuvre d'art où l'on puisse pénétrer sans initiation. Nous ne sommes plus ici dans le monde de la banalité universelle. L'œil du poète plonge en des cercles infernaux encore inexplorés, et ce qu'il y voit et ce qu'il y entend ne rappelle en aucune façon les romances à la mode. Il en sort des malédictions et des plaintes, des chants extatiques, des blasphèmes, des cris d'angoisse et de douleur. Les tortures de la passion, les férocités et les lâchetés sociales, les âpres sanglots du désespoir, l'ironie et le dédain, tout se mêle avec force et harmonie dans ce cauchemar dantesque troué çà et là de lumineuses issues par où l'esprit s'envole vers la paix et la joie idéales. Le choix et l'agencement des mots, le mouvement général et le style, tout concorde à l'effet produit, laissant à la fois dans l'esprit la vision de choses effrayantes et mystérieuses, dans l'oreille exercée comme une vibration multiple et savamment combinée de métaux sonores et précieux, et dans les yeux de splendides couleurs. L'œuvre entière offre un aspect étrange et puissant, conception neuve, une dans sa riche et sombre diversité, marquée du sceau énergique d'une longue méditation.

En dernier lieu, si l'on constate que l'auteur de ces poésies originales transporte aisément dans sa prose, avec une nouvelle intensité de finesse et de clairvoyance, la plupart des qualités qu'il déploie dans le maniement de la langue poétique, on reconnaîtra que beaucoup de choses excessives devront lui être pardonnées, parce qu'il aura exclusivement aimé le beau, tel qu'il le conçoit et l'exprime en maître.

DISCOURS
SUR
VICTOR HUGO

DISCOURS
SUR
VICTOR HUGO

prononcé à l'Académie Française le 31 mars 1887.

Messieurs,

En m'appelant à succéder parmi vous au Poète immortel dont le génie doit illustrer à jamais la France et le dix-neuvième siècle, vous m'avez fait un honneur aussi grand qu'il était inattendu. Cependant, au sentiment de vive gratitude que j'éprouve se mêle une appréhension légitime en face de la tâche redoutable que vos bienveillants suffrages m'ont imposée. Il me faut vous parler d'un homme, unique entre tous, qui, pendant soixante années, a ébloui, irrité, enthousiasmé, passionné les intelligences, dont l'œuvre immense, de jour en jour plus abondante et plus éclatante, n'a d'égale, en ce qui la caractérise, dans aucune littérature ancienne ou moderne, et qui a rendu à la poésie française, avec plus de richesse, de vigueur et de certitude, les vertus lyriques dont elle était destituée depuis deux siècles. Ma profonde admiration suppléera, je l'espère, à la faiblesse de mes paroles.

Messieurs, l'avènement d'un homme de génie, d'un grand poète surtout, n'est jamais un fait spontané sans rapport avec le travail intellectuel antérieur; et s'il arrive parfois que la Poésie, cette révélation du Beau dans la nature et dans les conceptions humaines, se manifeste plus soudaine, plus haute et plus magnifique chez quelques hommes très rares et d'autant vénérables, une communion latente n'en relie pas moins, à travers les âges, les esprits en apparence les plus divers, tout en respectant le caractère original de chacun d'eux. Si la nature obéit aux lois inviolables qui la régissent, l'intelligence a aussi les siennes qui l'ordonnent et la dirigent. L'histoire de la Poésie répond à celle des phases sociales, des événements politiques et des idées religieuses; elle en exprime le fonds mystérieux et la vie supérieure; elle est, à vrai dire, l'histoire sacrée de la pensée humaine dans son épanouissement de lumière et d'harmonie.

Aux époques lointaines où les rêves, les terreurs, les passions vigoureuses des races jeunes et naïves jaillissent confusément en légendes pleines d'amour ou de haine, d'exaltation mystique ou héroïque, en récits terribles ou charmants, joyeux comme l'éclat de rire de l'enfance ou sombres comme une colère de barbare, et flottant, sans formes précises encore, de génération en génération, d'âme en âme et de bouche en bouche; dans ces temps de floraison merveilleuse, des hommes symboliques sont créés par l'imagination de tout un peuple, vastes esprits où les germes épars du génie commun se réunissent et se condensent en théogonies et en épopées. L'humanité les tient pour les révélateurs antiques du Beau et immortalise les noms d'Homère et de Valmiki. Et l'humanité a raison, car tous les éléments de la Poésie universelle sont contenus dans ces poèmes sublimes qui ne seront jamais oubliés.

Les grands hommes de race homérique, Eschyle, Sophocle, Euripide, inaugurent bientôt, à l'éternel honneur de la Hellas, le règne des génies individuels; Aristophane écrit ses comédies où la satire politique, sociale et littéraire, l'esprit le plus aigu, le plus souple, le plus original et souvent le plus cynique, s'illuminent de chœurs étincelants; les purs lyriques abondent, et l'inspiration hellénique devient l'éducatrice du monde intellectuel latin. Puis les races vivent, luttent, vieillissent; les langues se modifient, se corrompent, se désagrègent; d'autres idiomes naissent d'elles, informes encore, et finissent par se constituer lentement.

Après les noires années du moyen âge, années d'abominable barbarie, qui avaient amené l'anéantissement presque total des richesses intellectuelles héritées de l'antiquité, avilissant les esprits par la recrudescence des plus ineptes superstitions, par l'atrocité des mœurs et la tyrannie sanglante du fanatisme religieux, notre Pléiade française, au seizième siècle de l'ère moderne, tente avec éclat un renouvellement des formes poétiques. Elle s'inquiète des chefs-d'œuvre anciens, les étudie et les imite; elle invente des rhythmes charmants; mais sa langue n'est pas faite, le temps d'accomplir sa tâche lui manque, et il arrive que les esprits, avides d'une discipline commune, s'imposent bientôt d'étroites règles, souvent arbitraires, qu'ils tiennent à honneur de ne plus enfreindre. L'époque organique de notre littérature s'ouvre alors, très remarquable assurément par l'ordre et la clarté, mais réfractaire en beaucoup de points à l'indépendance légitime de l'intelligence comme aux formes nouvelles qui sont l'expression nécessaire des conceptions originales. Il semble que tout a été pensé et dit, et qu'il ne reste aux poètes futurs qu'à répéter incessamment le même ensemble d'idées et de sentiments dans une langue de plus en plus affaiblie, banale et décolorée. Enfin, messieurs, à cette léthargie lyrique de deux siècles succède un retour irrésistible vers les sources de toute vraie poésie, vers le sentiment de la nature oubliée, dédaignée ou incomprise, vers la parfaite concordance de l'expression et de la pensée qui n'est elle-même qu'une parole intérieure, et la renaissance intellectuelle éclate et rend la vie à l'art suprême. C'est pourquoi la rénovation enthousiaste, dont Victor Hugo a été, sinon le seul initiateur, du moins le plus puissant et le plus fécond, était inévitable et due à bien des causes diverses.

En effet, les grands écrivains du dix-huitième siècle avaient déjà répandu en Europe notre langue et leurs idées émancipatrices ; ils nous avaient révélé le génie des peuples voisins, bien qu'ils n'en eussent compris entièrement ni toute la beauté, ni toute la profondeur ; ils avaient surtout préparé et amené ce soulèvement magnifique des âmes, ce combat héroïque et terrible de l'esprit de justice et de liberté contre le vieux despotisme et le vieux fanatisme ; ils avaient précipité l'heure de la Révolution française, dont un célèbre philosophe étranger a dit, dans un noble sentiment de solidarité humaine : « Ce fut une glorieuse aurore ! Tous les êtres pensants prirent part à la fête. Une émotion sublime s'empara de toutes les consciences, et l'enthousiasme fit vibrer le monde, comme si l'on eût vu pour la première fois la réconciliation du ciel et de la terre ! »

Victor Hugo naissait, messieurs, au moment où notre pays, qui venait de proclamer l'affranchissement du monde, s'abandonnait, dans sa lassitude, à l'homme extraordinaire et néfaste couché aujourd'hui sous le dôme des Invalides, et qui allait répandre à son tour, qu'il le voulût ou non, les idées révolutionnaires à travers l'Europe doublement conquise. Le

Poëte, de qui l'âme contenait virtuellement tant de symphonies multiples et toujours superbes, grandit au bruit retentissant des batailles épiques et des victoires dont le souvenir l'a hanté toute sa vie, en lui inspirant d'admirables vers, tandis que le réveil des idées religieuses, sous la forme d'une résurrection pittoresque du catholicisme, d'une part, et, d'autre part, d'une poésie plutôt sentimentale que dogmatique, suscitait en lui l'admiration des merveilles architecturales du moyen âge et le goût inconscient de la monarchie restaurée.

A vingt ans, Victor Hugo se crut donc royaliste et catholique; mais la nature même de son génie ne devait point tarder à dissiper ces illusions de sa jeunesse. L'ardent défenseur des aspirations modernes, l'évocateur de la République universelle couvait déjà dans l'enfant qui anathématisait à la fois, en 1822, la Révolution et l'Empire, et chantait la race royaliste revenue derrière l'étranger victorieux. Destiné qu'il était à incarner en quelque sorte la conscience agitée de son siècle, à être comme le symbole vivant, comme le clairon d'or des idées ondoyantes, des espérances, des passions, des transformations successives de l'esprit contemporain, il devait, avec la même sincérité et la même ardeur, développer ses merveilleux dons lyriques, de ses premières odes à ses derniers poèmes, par une ascension toujours plus haute et plus éclatante. Il devait moins changer, comme on le lui a reproché tant de fois, qu'il ne devait grandir sans cesse, dans l'ampleur de sa puissante imagination et dans la certitude d'un art sans défaillance.

Quelles que soient, d'ailleurs, les causes, les raisons, les influences qui ont modifié sa pensée, bien qu'il se soit mêlé ardemment aux luttes politiques et aux revendications sociales, Victor Hugo est avant tout et surtout un grand et sublime poète, c'est-à-dire un irréprochable artiste, car les deux termes sont nécessairement identiques. Il a su transmuter la substance de tout en substance poétique, ce qui est la condition expresse et première de l'art, l'unique moyen d'échapper au didactisme rimé, cette négation absolue de toute poésie ; il a forgé, soixante années durant, des vers d'or sur une enclume d'airain ; sa vie entière a été un chant multiple et sonore où toutes les passions, toutes les tendresses, toutes les sensations, toutes les colères généreuses qui ont agité, ému, traversé l'âme humaine dans le cours de ce siècle, ont trouvé une expression souveraine. Il est de la race, désormais éteinte sans doute, des génies universels, de ceux qui n'ont point de mesure, parce qu'ils voient tout plus grand que nature ; de ceux qui, se dégageant de haute lutte et par bonds des entraves communes, embrassent de jour en jour une plus large sphère par le débordement de leurs qualités natives et de leurs défauts non moins extraordinaires ; de ceux qui cessent parfois d'être aisément compréhensibles, parce que l'envolée de leur imagination les emporte jusqu'à l'inconnaissable, et qu'ils sont possédés par elle plus qu'ils ne la possèdent et ne la dirigent; parce que leur âme contient une part de toutes les âmes; parce que les choses, enfin, n'existent et ne valent que par le cerveau qui les conçoit et par les yeux qui les contemplent.

Soumis encore aux formules pseudo-classiques dans ses premiers essais, datés de 1822, Victor Hugo transforma complètement sa langue, son style et la facture de son vers dans ses secondes odes et surtout dans *les Orientales*. Sans doute, c'était là l'Orient tel qu'il pouvait être conçu à cette époque, et moins l'Orient lui-même que l'Espagne ou la Grèce luttant héroïquement pour son indépendance; mais ces beaux vers, si nouveaux et si éclatants, furent pour toute une génération prochaine une révélation de la vraie Poésie. Je ne puis me rappeler, pour ma part, sans un profond sentiment de reconnaissance, l'impression soudaine que je ressentis, tout jeune encore, quand ce livre me fut donné autrefois sur les montagnes de mon île natale, quand j'eus cette vision d'un monde plein de lumière, quand j'admirai cette richesse d'images si neuves et si hardies, ce mouvement lyrique irrésistible, cette langue précise et sonore. Ce fut comme une immense et brusque clarté illuminant la mer, les montagnes, les bois, la nature de mon pays, dont jusqu'alors je n'avais entrevu la beauté et le charme étrange que dans les sensations confuses et inconscientes de l'enfance.

Cependant, messieurs, l'impression produite sur

l'imagination vierge d'un jeune sauvage vivant au milieu des splendeurs de la poésie naturelle ne pouvait être unanimement ressentie à une époque et dans un pays où les vieilles traditions d'une rhétorique épuisée dominaient encore. La préface de *Cromwell,* ce manifeste célèbre de l'école romantique, avait excité déjà de violentes hostilités que *les Orientales* ne désarmèrent pas; car nul poète n'a été plus attaqué, plus insulté, plus nié que Victor Hugo. Il est vrai que ces diatribes et ces négations ne l'ont jamais fait dévier ni reculer d'un pas. C'était un esprit entier et résolu, de ceux, très rares, qui se font une destinée conforme à leur volonté, et que les objections étonnent ou laissent indifférents, impuissantes qu'elles sont à rien enseigner et à rien modifier. Aussi l'applaudissement qui salua l'apparition des *Feuilles d'Automne* s'explique-t-il moins par la beauté de l'œuvre que par le caractère intime, familial, élégiaque, d'une poésie aisément accessible au public et à la critique. De leur côté, *les Chants du Crépuscule, les Voix intérieures, les Rayons et les Ombres* furent accueillis tour à tour avec un mélange d'éloges chaleureux décernés, comme d'habitude, aux parties sentimentales de ces beaux livres, et de reproches adressés à celles où l'émotion intellectuelle l'emportait sur l'impression cordiale. Rien de plus inévitable; car, si nous admettons volontiers en France pour articles de foi, et sans trop nous inquiéter de ce qu'ils signifient, certains apophtegmes, décisifs en raison même de leur banalité, tels que : la poésie est un cri du cœur, le génie réside tout entier dans le cœur, nous oublions plus volontiers encore que l'usage professionnel et immodéré des larmes offense la pudeur des sentiments les plus sacrés. Mais Victor Hugo est un génie mâle qui n'a jamais sacrifié la dignité de l'art à la sensiblerie du vulgaire. L'émotion qu'il nous donne pénètre l'âme et ne l'énerve pas. Pour mieux nous en convaincre, les *Châtiments*, les *Contemplations*, la *Légende des Siècles* nous vinrent du fond de l'exil.

Les *Châtiments*, messieurs, sont et resteront une œuvre extraordinaire où la colère, l'attendrissement, l'indignation, l'élégie et l'épopée se déroulent avec une éloquence inouïe ; où l'accumulation incessamment variée des images, le luxe des formules, donnent à l'invective une force multipliée et au poème de *l'Expiation*, en particulier, un souffle terrible. Ni les *Tragiques* d'Agrippa d'Aubigné, ni les *Iambes* de Chénier et de Barbier n'ont atteint une telle énergie. Le livre des *Contemplations*, d'autre part, grave, spirituel, philosophique, rêveur, d'une inspiration complexe, mêle les voix sans nombre de la nature aux douleurs et aux joies humaines, car, si Victor Hugo sait faire vibrer toutes les cordes de l'âme, il sait, par surcroît, voir et entendre, ce qui est plus rare qu'on ne pense. Aussi le grand Poète saisit-il d'un œil infaillible le détail infini et l'ensemble des formes, des jeux d'ombre et de lumière. Son oreille perçoit les bruits vastes, les rumeurs confuses et la netteté des sons particuliers dans le chœur général. Ces perceptions diverses, qui affluent incessamment en lui, s'animent et jaillissent en images vivantes, toujours précises dans leur abondance sonore, et qui constatent la communion profonde de l'homme et de la nature.

Les sentiments tendres, les délicatesses, même subtiles, acquièrent, en passant par une âme forte, une expression définitive; et c'est pour cela que la sensibilité des poètes virils est la seule vraie. Ai-je besoin, messieurs, de rappeler les preuves sans nombre que Victor Hugo nous a données de cette richesse particulière de son génie? Le vers plein de force et d'éclat du plus grand des Lyriques s'empreint, quand il le veut, d'une grâce et d'un charme irrésistibles. Non seulement il vivifie ce qu'il conçoit, ce qu'il voit, ce qu'il entend, mais il excelle à rendre saisissant ce qui est obscur dans l'âme et vague dans la nature. L'herbe, l'arbre, la source, le vent, la mer chantent, parlent, souffrent, pleurent et rêvent; le sens mystérieux des bruits universels nous est révélé.

La Légende des Siècles parut et consacra pour toujours, à l'applaudissement unanime et enthousiaste, le génie et la gloire incontestée du grand Poète. Ce sont, en effet, d'admirables vers, d'une solidité et d'une puissance sans égales, d'une langue à la fois éblouissante et correcte, comme tout ce qu'a écrit

Victor Hugo, qui est aussi un grammairien infaillible. Il n'appartenait qu'à lui d'entreprendre une telle œuvre, de vouloir, comme il le dit, « exprimer l'humanité dans une espèce d'œuvre cyclique, la peindre successivement et simultanément sous tous ses aspects, histoire, fable, philosophie, religion, science, lesquels se résument en un seul et immense mouvement vers la lumière ». Certes, c'était là une entreprise digne de son génie, quelque colossale qu'elle fût. Pour qu'un seul homme, toutefois, pût réaliser complètement un dessein aussi formidable, il fallait qu'il se fût assimilé tout d'abord l'histoire, la religion, la philosophie de chacune des races et des civilisations disparues; qu'il se fît tour à tour, par un miracle d'intuition, une sorte de contemporain de chaque époque et qu'il y revécût exclusivement, au lieu d'y choisir des thèmes propres au développement des idées et des aspirations du temps où il vit en réalité.

Bien qu'aucun siècle n'ait été à l'égal du nôtre celui de la science universelle; bien que l'histoire, les langues, les mœurs, les théogonies des peuples anciens nous soient révélées d'année en année par tant de savants illustres; que les faits et les idées, la vie intime et la vie extérieure, que tout ce qui constitue la raison d'être, de croire, de penser des hommes disparus appelle l'attention des intelligences élevées, nos grands poètes ont rarement tenté de rendre intellectuellement la vie au passé. Ainsi, quand un très noble esprit, un profond penseur, un précurseur de notre Renaissance littéraire, Alfred de Vigny, conçut et écrivit le beau poème de *Moïse,* il ne fit point du libérateur d'Israël le vrai personnage légendaire qui nous apparaît aujourd'hui, le chef théocratique de six cent mille nomades idolâtres et féroces errant affamés dans le désert, le Prophète inexorable qui fait égorger en un jour vingt-quatre mille hommes par la tribu de Lévi. Le poème de *Moïse* n'est qu'une étude de l'âme dans une situation donnée, n'appartient à aucune époque nettement définie et ne met en lumière aucun caractère individuel original. Mais, si *la Légende des Siècles,* bien supérieure comme conception et comme exécution, est plutôt, çà et là, l'écho superbe de sentiments modernes attribués aux hommes des époques passées qu'une résurrection historique ou légendaire, il faut reconnaître que la foi déiste et spiritualiste de Victor Hugo, son attachement exclusif à certaines traditions, lui interdisaient d'accorder une part égale aux diverses conceptions religieuses dont l'humanité a vécu, et qui, toutes, ont été vraies à leur heure, puisqu'elles étaient les formes idéales de ses rêves et de ses espérances. « L'homme, a dit un illustre écrivain, fait la sainteté de ce qu'il croit comme la beauté de ce qu'il aime. » Quoi qu'il en soit, *la Légende des Siècles,* cette série de magnifiques compositions épiques, restera la preuve éclatante d'une puissance verbale inouïe mise au service d'une imagination incomparable.

Les Chansons des rues et des bois, l'Année terrible, les deux dernières *Légendes, l'Art d'être grand-père, le Pape, la Pitié suprême, Religion et religions, l'Ane, Torquemada, les Quatre Vents de l'Esprit* se succédèrent à de courts intervalles. Il est assurément impossible, messieurs, d'analyser et de louer ici comme il conviendrait ces œuvres multipliées où l'intarissable génie du Poète se déploie avec la même force démesurée. *Torquemada,* cependant, moins un drame scénique qu'un poème dialogué, offre une conception particulière qui, pour n'être pas d'une exacte théologie, n'en est que plus originale. Certes, en brûlant par milliers ses misérables victimes, le vrai Torquemada, le grand inquisiteur du quinzième siècle, ne pensait en aucune façon les mener à la béatitude céleste. Il tenait uniquement à les exterminer, en leur donnant sur la terre un avant-goût des flammes éternelles. Mais Victor Hugo a développé son étrange conception avec tant de verve, d'éloquence et de couleur, qu'il faut le remercier, au nom de la Poésie, d'avoir prêté cette charité terrible à cet insensé féroce qui puisait la haine de l'humanité dans l'imbécillité d'une foi monstrueuse.

Dès les brillantes années de sa jeunesse, et concurremment avec ses poèmes et ses romans qui sont aussi des poèmes, doué qu'il était déjà d'une activité intellectuelle que le temps devait accroître encore, Victor Hugo avait révélé dans ses drames une action et une langue théâtrales nouvelles. Quand ces vers d'or sonnèrent pour la première fois sur la scène, quand ces explosions d'héroïsme, de tendresse, de passion, éclatèrent soudainement. enthousiasmant les uns, irritant la critique peu accoutumée à de telles audaces, et soulevant même des haines personnelles, les esprits les plus avertis parmi les contradicteurs du jeune Maître saluèrent cependant, malgré beaucoup de réserves, cet avènement indiscutable de la haute poésie lyrique dans le drame, bien que de longues années dussent s'écouler encore avant le triomphe définitif.

En effet, messieurs, *Hernani, Marion de Lorme, le Roi s'amuse, Ruy Blas, les Burgraves,* ont suscité longtemps de singulières objections. L'éclat du style et l'éloquence lyrique des personnages semblaient aux adversaires du Poète l'unique mérite et à la fois le défaut fondamental de ces œuvres si pleines pourtant de situations dramatiques. Le reproche de sacrifier l'étude des caractères et la vérité historique aux fantaisies de l'imagination est-il donc juste? N'a-t-il pas été toujours permis aux poètes tragiques d'emprunter à l'histoire de larges cadres où leur inspiration personnelle pût se déployer librement? La foule enthousiaste qui se presse aujourd'hui aux représentations de ces beaux drames n'est-elle ni émue ni charmée? Et quant à leur substance même, ne consiste-t-elle pas, selon la remarque d'un éminent critique, dans le développement scénique de tous les nobles motifs qui déterminent l'action : l'honneur, l'héroïsme, le dévouement, la loyauté chevaleresque ? En outre, si Victor Hugo, ayant toujours voulu que son théâtre fût une tribune, une sorte de chaire d'où l'enseignement moral pût être donné au plus grand nombre, semblait méconnaître ainsi la nature essentielle de l'art, qui est son propre but à lui-même, du moins n'a-t-il jamais oublié que si le juste et le vrai ont droit de cité en poésie, ils ne doivent y être perçus et sentis qu'à travers le beau.

Les Burgraves, dont l'insuccès fit prendre au grand Poète la résolution de renoncer, pour toujours au théâtre, sont d'un tout autre ordre, et d'un ordre supérieur. Nous sommes ici en face d'une trilogie Eschylienne, d'une tragédie épique dont les principaux personnages sont plus grands que nature et se meuvent dans un monde titanique. Jamais Victor Hugo n'avait fait entendre sur la scène de plus majestueuses et de plus hautes paroles. Ce sont des vers spacieux et marmoréens, d'une facture souveraine, dignes d'exprimer les passions farouches de ces vieux chevaliers géants du Rhin. La grandeur et la beauté de cette légende tragique ne furent pas comprises. Une réaction passagère, insignifiante en elle-même et quant à ses résultats prochains, sévissait à cette époque et pervertissait le goût public. Toutes les pièces du Maître avaient été discutées, applaudies, combattues, mais elles devaient finir par triompher de toutes les résistances. Seuls, *les Burgraves* sont encore écartés de la scène, bien que l'auteur n'ait jamais fait preuve au théâtre de plus puissantes facultés créatrices. D'autres raisons, d'une nature étrangère à l'art, peuvent, il est vrai, s'opposer légitimement à la reprise de cette tragédie légendaire dans laquelle le sublime poète de l'*Orestie* eût reconnu un génie de sa famille. « On ne surpassera pas Eschyle, a dit Victor Hugo, mais on peut l'égaler. » Et il l'a prouvé.

J'ai dit, messieurs, que ses romans étaient aussi des poèmes; et, en effet, si la magie du vers leur manque, l'ampleur de la composition, la richesse d'une langue originale, énergique et brillante, la création des types plutôt que l'analyse des caractères individuels, leur donnent droit à ce titre. Il était, du reste, impossible que Victor Hugo cessât un moment d'être poète, l'eût-il voulu. Ne sont-ce pas deux épopées que *Notre-Dame de Paris* et *les Misérables*, l'une plus régulièrement composée, plus condensée; l'autre touffue, complexe, excessive, entrecoupée d'admirables épisodes? *Notre-Dame de Paris*, injustement critiquée par Gœthe, restera une vivante reconstruction archéologique et historique, telle que Victor Hugo l'a conçue et voulue, et quelles que soient les différentes façons de concevoir et de reproduire, dans une invention romanesque, les mœurs, les caractères, la vie des hommes du quinzième siècle, au moment de leur histoire choisi par l'auteur. Peut-on oublier désormais tant de pages éclatantes, tant de scènes terribles ou touchantes, tant de figures à jamais vivantes, Claude Frollo, Quasimodo, la Sachette, Esmeralda, Louis XI, la fourmillante Cour des Miracles, l'assaut épique de la vieille cathédrale par les truands? Cette langue si neuve, si riche et si précise, ces figures, ces péripéties dramatiques, ces noms ne sortiront plus de notre mémoire; la vision du Poète est devenue la nôtre.

L'autre épopée, *les Misérables,* fut écrite à une époque plus avancée de sa vie, durant les années de l'exil, années immortelles qui ont produit tant de chefs-d'œuvre, où sa pensée se dirigea plus spécialement vers la destinée faite aux déshérités et aux victimes de la civilisation; où, du haut du rocher de Guernesey, illustre désormais, il répandit sur le monde, en paroles enflammées, ses protestations indignées, ses appels multipliés au droit, à la justice, à la liberté; où il stigmatisa, dans le présent et dans l'avenir, tous les attentats, toutes les tyrannies, toutes les iniquités. Un immense succès accueillit ce livre puissant, sorte d'encyclopédie où les questions sociales, la psychologie, l'histoire, la politique, concourent au développement de la fable romanesque et s'y mêlent en l'interrompant par de fréquentes digressions et de formidables évocations. La bataille de Waterloo y revit dans son horreur sublime. Nous assistons à cet écroulement sinistre d'une multitude qui se rue, tourbillonne et se heurte avec une clameur désespérée contre les carrés de la Vieille Garde immobile au milieu de la flamme et de l'averse des

balles et des boulets. Rien de plus foudroyant de
beauté épique. Et que de scènes encore d'une réalité
saisissante : une tempête sous un crâne, le couvent
de Picpus! Que de types originaux et vivants : l'évêque Myriel, Valjean, Javert, Gillenormand, Champmathieu et l'immortel Gavroche!

Traduit dans toutes les langues, répandu dans le
monde entier, si plein, si complexe, tantôt haletant,
tantôt calme et grave, œuvre de revendication sociale, de polémique ardente et de lyrisme, le livre
des *Misérables* est assurément une des plus larges
conceptions d'un grand esprit, si ce n'est une des
plus pondérées. Mais, qui ne le sait? le génie de
Victor Hugo brise invinciblement tous les moules,
et ce serait en vérité une prétention quelque peu insensée que de vouloir endiguer cette lave et proportionner cette tempête.

Les Travailleurs de la Mer, *l'Homme qui rit*,
Quatre-vingt-treize parurent successivement. Les
mêmes beautés d'imagination, d'originalité et de
style s'y retrouvent à chaque ligne. Qui ne se souvient de la caverne sous-marine où Gilliat rencontre
la pieuvre, de cette merveilleuse vision du grand
Poète? L'infinie richesse de la langue, le charme
exquis, la délicatesse féerique des nuances et des
sensations perçues font de ces pages un enchantement mystérieux et idéal. Et, dans *l'Homme qui rit*,
que de tableaux étranges, effrayants, magnifiques :
les convulsions du pendu, secoué, tourmenté par le

vent de la nuit lugubre, assailli par les corbeaux affamés qu'il épouvante de ses bonds furieux; la tempête de neige; Gwynplaine errant dans le palais désert, et la scène admirable et monstrueuse du supplice dans la prison! *Quatre-vingt-treize,* enfin, n'est-il pas un poème dont les héros sont des types du devoir accompli, du sacrifice sublime, des figures symboliques plutôt que des hommes, tant elles sont grandes?

De telles œuvres, messieurs, toujours lues et toujours admirées, quelque permises que soient certaines réserves respectueuses, consolent, s'il est possible, de l'épidémie qui sévit de nos jours sur une portion de notre littérature et contamine les dernières années d'un siècle qui s'ouvrait avec tant d'éclat et proclamait si ardemment son amour du beau, alors que d'illustres poètes, d'éloquents et profonds romanciers, de puissants auteurs dramatiques, auxquels je ne saurais oublier de rendre l'hommage qui leur est dû, secondaient l'activité glorieuse de Victor Hugo. Mais si le dédain de l'imagination et de l'idéal s'installe impudemment dans beaucoup d'esprits obstrués de théories grossières et malsaines, la sève intellectuelle n'est pas épuisée sans doute; bien des œuvres contemporaines, hautes et fortes, le prouvent. Le public lettré ne tardera pas à rejeter avec mépris ce qu'il acclame aujourd'hui dans son aveugle engouement. Les épidémies de cette nature passent, et le génie demeure.

Victor Hugo ne nous a pas seulement laissé le travail prodigieux offert de son vivant à notre admiration. Le déroulement des chefs-d'œuvre posthumes transforme cette admiration en une sorte d'effroi sacré, en face d'une telle puissance de création. On dirait qu'il veut nous donner la preuve de l'immortalité toujours féconde de son génie au delà de ce monde, comme il aimait à l'affirmer d'après la conviction philosophique qu'il s'était faite. Car toute vraie et haute poésie contient en effet une philosophie, quelle qu'elle soit, aspiration, espérance, foi, certitude, ou renoncement réfléchi et définitif au sentiment de notre identité survivant à l'existence terrestre. Mais ce renoncement ne pouvait être admis par Victor Hugo, qui, lui aussi, comme il a été dit du grand orateur de la Constituante, était si fortement en possession de la vie.

Sa philosophie, celle qui se retrouve au fond de tous ses poèmes, tient à la fois du panthéisme et du déisme. Dieu, pour lui, est tantôt l'Être infini, indéterminé, le monde intellectuel et le monde moral, la nature tout entière, la vie universelle avec ses maux et ses biens; tantôt Dieu se distingue des êtres et des choses, affirme sa personnalité, veut, agit, détermine les pensées, les actes, amène les catastrophes physiques, relève les faibles et punit les oppresseurs en les incarnant de nouveau dans les formes les plus abjectes de l'animalité ou dans celles de la matière inerte. Or, Dieu, selon le Poète, étant toute justice et toute bonté, et les âmes qu'il crée n'étant déchues et corrompues que par l'ignorance de la vérité, ignorance où elles se complaisent ou qui leur est infligée, a voulu que toutes fussent appelées, si elles le désirent, à la réhabilitation définitive; mais leur immortalité est conditionnelle, et beaucoup d'entre elles sont condamnées à l'anéantissement total.

Telle est la foi de Victor Hugo. Il a été toute sa vie l'évocateur du rêve surnaturel et des visions apocalyptiques. Il est enivré du mystère éternel. Il dédaigne la science qui prétend expliquer les origines de la vie; il ne lui accorde même pas le droit de le tenter, et il se rattache en ceci, plus qu'il ne se l'avoue à lui-même, aux dogmes arbitraires des religions révélées. Il croit puiser dans sa foi profonde en une puissance infinie, rémunératrice et clémente, la généreuse compassion qui l'anime pour les faibles, les déshérités, les misérables, les proscrits auxquels il offre si noblement un asile; il lui doit, pense-t-il, de chanter en paroles sublimes la beauté, la grandeur et l'harmonie du monde visible, comme les splendeurs pacifiques de l'humanité future, et il ne veut pas reconnaître qu'il ne doit sa magnifique conception du beau qu'à son propre génie, comme ses élans de bonté et de vaste indulgence qu'à son propre cœur. Mais qu'importe? Cette foi faite d'éblouissements, a ouvert au grand Poète l'horizon illimité où son imagination plonge sans fin. Elle a été la génératrice et la raison de ses chefs-d'œuvre.

Que pourrais-je ajouter, messieurs? Dans le cours de sa longue vie, traversée pourtant d'ardentes luttes littéraires et politiques et de grandes douleurs, et surtout dans sa vieillesse vénérable, apaisée et souriante, Victor Hugo a reçu la récompense due au plus éclatant génie lyrique qu'il ait été donné aux hommes d'applaudir. Le monde civilisé tout entier lui a rendu un hommage unanime. La profonde et lugubre pensée d'Alfred de Vigny : « La vie est un accident sombre entre deux sommeils infinis, » si vraie qu'elle puisse être, n'a point troublé ses derniers moments. Il est mort plein de jours, plein de gloire, entouré du respect universel, auréolé de l'illusion suprême, conduit triomphalement au Panthéon par un million d'hommes, et léguant aux âges futurs une œuvre et un nom immortels.

TABLE

DERNIERS POÈMES

	Pages
La Paix des Dieux.	3
L'Orient.	9
La Joie de Siva.	10
Hymnes Orphiques.	12
Parfum des Nymphes. Les Aromates.	12
Parfum de Hélios-Apollon. L'Héliotrope.	14
Parfum de Séléné. Le Myrte.	16
Parfum d'Artémis. La Verveine.	18
Parfum d'Aphrodité. La Myrrhe.	20
Parfum de Nyx. Le Pavot.	22
Parfum des Néréides. L'Encens.	23
Parfum d'Adônis. L'Anémone et la Rose.	25
Parfum des Érinnyes. L'Asphodèle.	27
Parfum de Pan. Les Aromates.	29

	Pages
L'Enlèvement d'Européia.	31
Frédégonde (fragment du Ier acte).	34
La Mort du Moine.	35
Les Raisons du Saint-Père.	41
Cozza et Borgia (fragment des *États du Diable*).	47
La Fatalité.	57
Le Baiser suprême.	58
Le Dernier des Maourys.	59
A Victor Hugo.	67
La Prairie.	68
Le Lac.	70
L'aigu bruissement.	72
Le Piton des Neiges.	74
Les yeux d'or de la Nuit.	76
Soleils! Poussière d'or.	78
Dans l'air léger.	80
Le Sacrifice.	82
La Rose de Louveciennes.	84
Toi par qui j'ai senti.	85

L'APOLLONIDE

L'Apollonide.	89

LA PASSION

La Passion.	165

PRÉFACES

Préface des *Poèmes Antiques*.	215
Préface des *Poèmes et Poésies*.	225

LES POÈTES CONTEMPORAINS

	Pages
Avant-propos	237
I. Béranger	243
II. Lamartine	250
III. Victor Hugo	257
IV. Alfred de Vigny	264
V. Auguste Barbier	272
VI. Charles Baudelaire	279

DISCOURS SUR VICTOR HUGO

Discours sur Victor Hugo 287

Achevé d'imprimer

le quinze novembre mil huit cent quatre-vingt-dix-huit

PAR

ALPHONSE LEMERRE

6, RUE DES BERGERS, 6

A PARIS

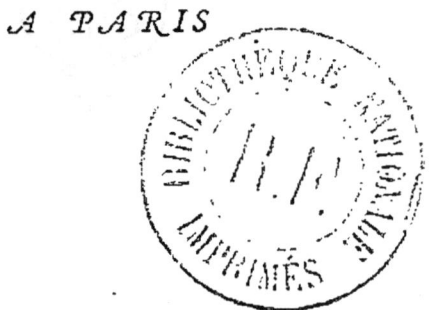

www.ingramcontent.com/pod-product-compliance
Lightning Source LLC
Chambersburg PA
CBHW060627170426
43199CB00012B/1465